HOTEL EVENT

호텔이벤트론

김 동 준 저

백산출판사

머리말

호텔은 이제 더 이상 숙박과 식음료 그리고 부대시설이라는 형식적인 정의에서 벗어남을 요구받고 있다. 매년 정기적인 콘서트, 디너쇼가 열리는가 하면 외부의 뮤지컬, 오페라와 같은 문화예술 공연과 연계된 마케팅 이벤트가 기획되고 있는 것이 현실이다. 호텔에서 벌어지는 다양한 이벤트 현상들을 호텔이벤트로 개념화하여 호텔마케팅에 기여하는 노력이 필요한 시기이다.

호텔에서 흔히 볼 수 있는 이벤트 영업장의 특선 프로모션, 계절별 객실 패키지, 온라인이벤트 그리고 연회장에서 열리는 가족모임과 같은 행사를 호텔이벤트라고 일반적으로 말하고 있다. 호텔이벤트가 공통적으로 정의된 것은 아니지만 호텔에서 보여지는 연회행사를 호텔이벤트로 취급하는 경향이 있는 것이 사실이다. 호텔이벤트에 대한 관련 서적을 찾아보면 돌잔치, 결혼식, 기업체 행사, 국제회의와 같은 호텔 연회장의 대관(임대) 행사를 다루고 있음을 쉽게 볼 수 있다.

그러나 연회행사는 호텔이벤트의 한 부분이다. 지금처럼 호텔산업이 발전되었고 이벤트의 다양한 접목이 시도되는 현실에서 타당한 호텔이벤트에 대한 접근이 요구되는 것은 어찌보면 당연한 일이다. 사회적 현상은 고객의 욕구를 반영하는 시금석이므로 업계나 학계에서도 더 이상 미룰 수 없는 과제이다. 저자가 본 저서를 집필하게 된 이유이기도 하다.

호텔이벤트는 호텔연회장 대관행사뿐만이 아니라 영업장의 프로모션, 음악밴드, 기획공연, 온라인이벤트, 연계 마케팅 등 다양한 모습을 보이고 있다. 즉 호텔에서 보여지는 것이 호텔이벤트가 아니라 호텔이 주체가 되는 것이

호텔이벤트인 것이다. 오늘날과 같이 호텔 환경이 날로 치열해져 가는 시대에 호텔이 주체가 되는 이벤트 기획은 너무나 중요하다. 고객은 호텔을 종합적인 문화공간이라고 인식하고 선택하는 시대에 엔터테인먼트 요소를 가지는 이벤트를 호텔이 주도적으로 기획한다는 사고의 전환이 절실하기 때문이다.

소위 호텔이 장사 잘된다고 할 때는 미래가 안 보이는 법이다. 그러나 호텔은 이제 문화공간으로서 거듭나야 한다. 문화이벤트는 곧 엔터테인먼트이고 기획의 핵심 요소이다. 마케팅 경쟁에서 이길 수 있는 수단으로 이벤트는 막강한 무기이다. 호텔이벤트도 예외는 아니며 명확한 호텔이벤트에 대한 인식이 바탕이 되어야 할 시기이다.

호텔에 가보면 비슷비슷한 이벤트 내용들이 판치고 있다. 그 이유는 호텔이벤트의 개념이 정립되지 않고 남들이 하니까 따라하기 식으로 이벤트를 실시해서 나타나는 결과이다. 호텔에서 하는 행사가 아니라 호텔이 능동적으로 고객의 만족에 기여하는 이벤트로서 호텔이벤트가 자리잡아야 한다.

호텔의 시설이 한계성이 있다고 말할 수 없다. 호텔산업, 호텔마케팅에서 호텔의 고정성이라는 특성이 이벤트에서는 오히려 변명이 될 수 있다. 현대시대는 호텔의 특성마저도 변화시키는 호텔 브랜드 마케팅이 자리하고 있다. 호텔은 자신의 수많은 고객 데이터베이스가 구축되어 있다. 이것을 활용하여 호텔의 브랜드를 앞세워 외부의 고급 이벤트와 연계한다면 어마어마한 이벤트 마케팅 효과를 거둘 것이다. 예를 들면, 메가급 스포츠와 같은 파급효과를 기대할 수 있는 것이다.

호텔은 문화다. 제한된 공간이 아닌 고객이 느끼는 무한의 공간이다. 이벤트는 현대인에 없어서는 안 될 청량음료와 같은 것이다. 이벤트는 하나의 산업으로 발전하여 호텔산업과 똑같은 거대산업이다. 호텔이벤트는 두 거대한 산업의 결합체이자 고객에 대해 즐거움을 제공하는 책임이라고 말할 수 있다. 개개 호텔의 보여주기 식의 이벤트는 이제 끝이 났다. 호텔산업의 경쟁에서 필요한 이벤트도 이젠 필수라고 말할 수 있다. 미래의 호텔이벤트의 모습을 찾아야 한다.

호텔은 이벤트를 산업으로 인식하고 호텔 브랜드와 이벤트 기획을 결합하여 하나의 새로운 분야를 개척하는 선구자 정신이 필요하다. 호텔과 함께 하는 고객에게 항상 즐거움을 제공하는 주도적인 호텔이벤트의 입장이 있어야 하겠다.

본 저서는 이러한 관점에서 호텔산업과 이벤트를 살펴보고 호텔이벤트의 개념을 정의한다. 그리고 실무적인 호텔의 조직을 살펴보고 호텔이벤트의 종류와 특징을 정리하였다. 또한 기획에 대한 간략한 설명과 호텔이벤트 기획 모델 사례를 첨가하였다. 그러나 호텔이벤트에 대한 설명에 충실하고자 호텔 마케팅에 대한 거시적인 설명은 생략하였다.

호텔이벤트의 기본적인 내용과 실무에 적용할 수 있는 입문서라고 생각하면 될 것이다. 호텔의 정의, 특성 등에 대한 체계적 설명과 이벤트의 개념, 종류, 마케팅에서의 학문적 위치 등의 서술은 하지 않았다. 현실에서 보여지는 호텔이벤트의 현상을 저자의 호텔과 이벤트 업계의 수많은 경험을 바탕으로, 또한 학문적 연구를 접목하여 구체적 내용을 전달하려고 주의를 기울였다. 호텔 연회이벤트와 국제회의를 다룬 기존 서적과는 차별화 되는 호텔이벤트 최초의 서적으로서 많은 도움이 되었으면 한다. 특히, 호텔에서 이벤트를 이해하고 이벤트 분야에서도 호텔을 이해해야 하는 관광학과 관련 학생 후배들에게 유익한 필독서가 되었으면 한다.

끝으로 책이 출간되기까지 도와주신 분들께 감사를 드립니다.

김동준

차 례

Chapter 1
호텔이벤트의 개념

01 호텔산업의 발전

호텔업이란 관광객의 숙박에 적합한 시설을 갖추어 이를 관광객에게 제공하거나 숙박에 부수되는 음식, 운동, 오락, 휴양, 공연, 연수에 적합한 시설 등을 함께 갖추어 이를 이용하게 하는 업을 말한다. 관광산업의 주축을 이루고 있는 호텔기업은 지난 세월 괄목할 만한 성장의 기회를 맞이해 왔고 때론 세계적인 경제침체로 인해 위축의 시기도 있었다. 호텔업계의 지속적인 매출 증가와 이윤성장의 환경에서 이제 경쟁의 개념이 도입되고 있다.

경쟁의 개념은 결국 고객 위주의 경영을 요구하는 것이고 이전과는 다른 차별화 전략을 필요로 하는 것이다. 즉 "어떻게 하면 소비자의 필요와 욕구를 충족시킬 것인가?"를 고민해야 함을 의미하고, 그러기 위해서는 그들의 욕구와 필요에 대한 철저한 조사와 이해가 필수적이다. Dewit(1984)이 "호텔마케팅은 고객이 바라고 필요로 하는 것을 찾아내어 그것을 고객에게 팔아 이익을 얻는 것이다"라고 말했듯이 호텔에서 마케팅은 결국 고객을 연구하는 것이고 고객의 욕구가 가장 우선하는 것이다.

호텔산업에서 고객의 증대되는 욕구needs는 무엇일까? 물론 까다로운 고객에게 수많은 요구사항이 있겠지만 중요한 것은 '즐거움'과 '가치'를 느끼는 엔터테인먼트 요소의 증대라는 것을 부인할 수 없다. 결국, 호텔산업에서 이벤트 요소의 증대를 포착하고 경영기획에 반영해야 한다는 사실을 알 수 있다.

새로운 시대환경의 변화에 따라 패러다임paradigm의 변화가 수반되고 호텔산업에서도 고객의 needs를 충족시킬 수 있는 전략수립을 위한 비전vision이 필요하게 된 것이다. 호텔산업의 변화를 정리하면 다음과 같다.

① 고객 needs의 변화로 복합적이고 맞춤형인 상품의 선호도 증가

② 세계화global trend로 브랜드 및 지적 자산의 핵심 역량화와 M & A에 의한 거대화
③ 경쟁 환경의 심화로 세계적 수준의 신규호텔의 등장과 다양한 간접 경쟁자 출현
④ 플레저pleasure성 시장의 수요급증과 엔터테인먼트entertainment 사업의 전망

호텔 고객의 욕구는 쇼핑, 레저, 즐거움 등 이벤트 요소의 다양한 상품을 한 장소에서 누릴 수 있는 다목적 문화공간을 필요로 하고 이것은 점점 개인적 취향으로 그리고 보고 즐기는 상품에서 가상체험, 참여 등의 느끼는 상품으로 변화하고 있음을 보여준다. 호텔이벤트는 고객의 요구이고 호텔산업의 발전을 더욱 가속화시킬 수 있는 마케팅의 강력한 수단인 것이다.

이전부터 호텔은 패키지상품, 식음료 영업장 프로모션, 디너쇼 공연기획, 콘서트, 민속쇼, 외국쇼, 웨딩이벤트 등을 통해 비수기 극복과 매출증대, 이미지 관리에 역점을 두어 왔다. 호텔상품에 고객만족의 개념이 접목되면서 다양한 형태의 이벤트가 가미되어 개발되고 있는 것이다. 단순히 호텔의 숙박, 식음료 상품의 결합된 기존 패키지 개념이 아닌 이벤트가 항상 창조적으로 결합되어 질적으로 다른 이벤트 패키지가 지금의 호텔이벤트 개념으로 자리잡고 있는 것이다. 이제는 호텔의 마케팅 부서에 당연히 판촉 이외에 행사기획이나 이벤트 담당이 배치되어 활발히 움직이고 있는 것이 현실이다.

02 이벤트산업의 발전

그 어원은 라틴어 'cvenire(밖으로 나오다)'이고, 이벤트란 "대상을 상대로

실시되는 특정 목적의 커뮤니케이션으로서 엔터테인먼트와 공연예술을 포함한 포괄적이고 산업적인 의미"라고 정의할 수 있다. 마케팅적인 영역에서 살펴보면 마케팅 믹스로서의 프로모션과 프로모션 믹스 요소의 중요 수단인 세일즈 프로모션의 하부구조에 위치한다고 볼 수 있다.

이벤트는 단순히 현장에서의 보여주는 사건이 아닌 문화적 개념의 즐거움을 만들어 내고 서로 소통하는 현대적 의미가 강조됨을 인식해야 한다. 그리고 이벤트는 커뮤니케이션 매체라는 다른 매체와의 공통점 외에 차별적인 특징을 가지고 있는데, 현장에서의 직접적인 체험과 고객이 이벤트를 공감하는 매체로써 구별성을 가진다는 점이다. 또한 접촉방법이 현장 참여가 가능하기 때문에 주최자와의 피드백feedback이 이루어질 수 있고 참가자의 구전효과가 기대된다는 점이 특징이라 하겠다.

이벤트 개념의 핵심적인 요소를 정리하면 다음과 같다.

① 특정한 목적, 일정한 기간, 장소성을 가진다.
② 대상을 상대로 실시되는 행사성이다.
③ 직접적, 개별적인 쌍방 커뮤니케이션이다.
④ 단순한 여흥, 오락이 아닌 문화컨텐츠로서 엔터테인먼트와 공연예술의 광의성을 가진다.

이벤트는 현장에서의 커뮤니케이션 기능이라는 인식을 넘어 하나의 산업으로서 재정립이 필요하다. 한 공간에서뿐만이 아니라 메가(대규모)이벤트, 축제, 컨벤션, 전시회, 공연예술 등 국가의 이미지를 바꾸어 놓을 정도로 성장했다. 이벤트 유치를 위한 인프라 구축으로 인한 다양한 효과와 이벤트 산업을 둘러싼 관련 산업의 규모는 실로 엄청나다. 이벤트 기획사의 중요성이 커지고 있으며 호텔기업도 호텔이벤트를 기획하고 실시하는 주체로서 기능이 강화되고 있는 것이다.

현대적 의미로의 이벤트는 단지 행사가 아니고 부가가치를 만들어 내는 하나의 문화산업 아이템으로서 포괄적인 의미를 갖는다고 보아야 할 것이다. 지금시대에 대 유행하고 있는 이벤트, 이벤트가 열리는 장소도 이제는 다양하다. 호텔, 백화점, 극장, 운동장, 공원, 지하철, 거리 등 가는 곳마다 접할 수가 있다. 그만큼 이벤트의 효용이 커지고 있다는 것이고 하나의 산업으로서 국내외적으로 성장하고 있는 우리 삶의 일부인 것이다.

현대적 이벤트의 효용성을 정리해 보면 다음과 같다.

① 박람회와 같은 대규모 행사에서의 신기술, 신상품의 개발과 개방 영향이다.
② 수많은 참가자에게 상품과 문화의 보급 및 홍보의 영향이다.
③ 메가 스포츠, 컨벤션을 통해 지역 활성화와 국가이미지 제고이다.
④ 호텔이벤트와 같이 고급스런 이미지 커뮤니케이션 수단으로 적합하다.

이처럼 이벤트가 거대화해지고 있는 상황에서 호텔이벤트가 각광을 받고 있으며 중요성이 더해지는 이유는 무엇인가?

먼저, 호텔은 이벤트를 개최하기에 적합한 장소이다. 소규모에서 중대형에 이르는 연회장을 가지고 있으며, 최근에는 별도의 컨벤션센터를 보유한 호텔이 늘고 있다. 행사를 준비하고 진행하는 호텔의 능숙한 서비스 인력의 지원과 객실, 식음료와 같은 부대시설의 도움도 호텔이벤트의 장점이다. 다음으로, 호텔의 고급이미지를 활용한 이벤트기획의 필요성을 들 수 있다. 고객들이 떠올리는 호텔의 이미지는 고급스러움이고 여기에 어울리는 이벤트기획이 성공을 거둘 수 있는 것이다. 호텔이 이미지에 대한 유지관리 때문에 광고와 같은 매체를 사용하지 않는다는 특성과 관련된다 하겠다. 마지막으로, 호텔 고객의 정보가 데이터화 되어 잘 구축되어 있다는 것이 호텔이벤트가 가지는 장점이다. 이벤트 기획은 결국 타깃target의 고객이 유인되어 목적을 이루는 것이라 할 때 호텔의 체계적인 데이터베이스는 마케팅의 성공에 직결된다.

이벤트의 구분은 학자마다 다양한 차이를 보이는데, 이벤트는 현장에서 살아 있는 그리고 계속적으로 성장하는 하나의 실체이므로 오히려 그 차이가 당연하다고 할 수 있다. 오히려 학문적인 이벤트의 구분을 실무적으로 구분해 보는 작업도 필요할 것이다.

또한 이벤트의 구분은 그 기준에 따라 다른데, 일반적인 목적별로 구분해 보면 다음과 같다.

① 세일즈이벤트 : 매출을 위해서 실시하는 이벤트
② PR이벤트 : 기업이 PR[public relation]을 위해 실시하는 이벤트
③ 지역사회이벤트 : 지방자치단체나 공공기관이 지역사회의 활성화를 위해 벌이는 이벤트
④ 주년기념이벤트 : 기업이나 공공기관이 10년, 20년 주년을 기념하는 이벤트
⑤ 스포츠이벤트 : 기업 중심의 보는 스포츠와 주민 참가형의 스포츠가 있다.
⑥ 문화이벤트 : 음악, 연극, 미술, 공연예술, 세미나, 문화센터 설립 등 다양한 문화적 욕구를 충족시키는 이벤트
⑦ 상가이벤트 : 명동축제와 같이 상가 활성화를 위해 벌이는 이벤트
⑧ 미니개점이벤트 : 점포를 보다 즐겁게 연출하여 손님을 많이 끌어들이는 이벤트
⑨ 전시회이벤트 : 흔히 '…전', '…쇼'라고 불리는 이벤트
⑩ 호텔이벤트 : 호텔 고객에게 엔터테인먼트를 제공하는 기획행사

03 호텔이벤트의 정의

호텔은 단순히 먹고 자는 곳이 아니라, 문화복합 공간으로서 "엔터테인먼트의 가치를 증대시키는 장소"라고 개념화 할 수 있다. 엔터테인먼트란 "남을 환대하고 즐겁게 하는 오락, 위안amusement, 여흥, 연예, 연기performance 및 쇼show"라고 사전에서 정의하고 있다. 호텔 측면에서 보면 고객의 즐거움을 수익의 원천으로 하는 각종 핵심 사업을 의미하는 것으로 객실, 식음료뿐만이 아닌 종합적인 개념인 것이다. 즉 엔터테인먼트의 개념을 정리하면 "호텔과 레스토랑은 물론 문화, 레저, 여행업 등을 직접 수행하거나 활용 가능한 네트워크network로 보유하는 것"이라 할 수 있다.

호텔기업이 엔터테인먼트의 가치를 증대시키는 마케팅 수단이 이벤트인 것이다. 호텔이벤트는 고객과의 커뮤니케이션으로 복합적인 문화의 즐거움을 제공한다. 예를 들면, 도심지의 비즈니스호텔business hotel에서는 홍보팀에서 데이터베이스 마케팅을 이용하여 정기적으로 주기적인 공연을 기획하고 있고 쉐라톤워커힐호텔 같은 리조트호텔은 콘서트 등의 다양한 공연이벤트를 진행함으로써 호텔이벤트를 더욱 구체적으로 제공하는 역할을 하고 있다.

호텔이벤트는 호텔 로비 등의 자체적인 공연뿐만이 아니라 복합적인 이벤트를 의미하는 것이다. 현대의 호텔은 이제까지의 숙박과 휴식을 제공하는 단순한 기능에서 벗어나 호텔의 각종 이벤트를 통해 지역사회 주민의 대화와 사교의 장소, 취미와 교육, 건강증진 등 다양한 공공생활 공간을 지닌 사회적 의미를 갖는 기능과 나아가 관광측면에서 국제적인 국가의 위상으로까지 급상승하게 되었다(김화경 외, 2007).

호텔은 고객에게 숙박과 음식을 제공하는 것 이외에도 새로운 시대에 맞는 다양한 이벤트를 개발하여 호텔이 사교와 오락의 장소 그리고 다양한 지식의 경합(학술대회)을 벌이는 장소로 발전하였다. 이는 호텔이벤트가 단순히 판매업자를 돕는 판촉수단이 아닌 지식경영시대의 핵심 문화를 전파하고 행동의 틀을 마련하는 촉매제 역할을 한다는 것이다. 따라서 호텔은 구매에 앞서서 고객의 심리와 행동에 대해 이해하고 고객과의 커뮤니케이션 흡수, 명성과 이미지 구축 및 체계적인 이벤트 마케팅 계획에 의한 유기적인 프로그램의 구성을 마련해야 한다.

호텔에서 장소를 빌려주는 수동적인 연회중심의 이벤트가 아닌 계획적이고 적극적인 엔터테인먼트가 호텔이벤트인 것이다. 고객과 쌍방향 커뮤니케이션의 강력한 마케팅 수단으로 많은 호텔기업들이 이벤트를 활성화하고 있는 지금 호텔이벤트에 대한 연구가 활발히 이루어지고 있다.

이상우(1995)는 호텔이벤트란 “호텔이 주체가 되어 매출증진이나 호텔의 이미지 향상을 위해서 호텔 내의 일정한 장소나 공간에서 행하는 행사”라고 했는데, 현대에 와서는 그 개념이 더욱 적극적인 개념으로 발전되고 있다. 이기국(2008)은 “고객의 잠재수요 개발과 확대를 목적으로 호텔 내에서 계획적으로 고객의 욕구를 유발시킬 수 있도록 유도하여 호텔 브랜드 가치를 창출하는 활동 및 행사”라고 더욱 확대된 정의를 내리고 있다.

호텔의 상품과 서비스를 판매하고 활성화를 하고자 하는 목적으로 기획적인 이벤트를 만들어 고객들에게 제공 및 판촉하는 일체의 활동을 호텔이벤트라고 할 수 있다. 호텔이벤트는 호텔이 고객과 호응하여 기업의 목적이나 의도를 커뮤니케이션 하는 미디어 매체로서 다른 미디어와 비교했을 때 인간적인 교류를 통한 차별적인 마케팅 방법으로 볼 수 있다. 호텔이벤트는 기업과 고객을 직접 연결해 주는 공감의 만남과 요구와 취향을 매력적으로 만족시켜 이벤트의 목적 및 지속적인 고객관리의 강력한 도구라고도 할 수 있다.

호텔이벤트는 정보의 전달이나 판촉, PR을 목적으로 하는 점과 고객의 관심도를 증가시키기 위해 고객과 서비스 제공자의 상호작용, 즉 커뮤니케이션communication의 측면에서 볼 때 매우 유용한 마케팅 활동이다. 마케팅 관점에서의 커뮤니케이션은 정보 제공과 설득 또는 양자 모두를 통해 기업이 수행하고 있고, 이러한 모든 촉진적 노력이 제품과 용역에 대한 수요자를 증가시킬 수 있도록 작용되는 것이다.

호텔의 숙박, 식음료의 결합된 기존의 패키지 개념이 아닌 이벤트가 항상 창조적으로 결합되어 질적으로 다른 소프트웨어 프로그램이 지금의 호텔이벤트 개념으로 자리 잡고 있다. 호텔마케팅에서 가장 강력한 커뮤니케이션의 한 형태인 구전(口傳)은 이벤트 참여로 높은 효과를 거둘 수 있고 호텔기업도 고객위주의 전략수립 시 참고되어야 한다. 이제는 호텔의 마케팅부서에 당연히 판촉 이외에 행사기획이나 이벤트 담당이 배치되어 체계적으로 활동하고 있다.

호텔이벤트의 정의에 대한 주요 선행연구를 살펴보면 〈표 1-1〉과 같다.

표 1･1 호텔이벤트의 개념

연구자		내 용
1991	송춘홍	· 호텔기업이 PR을 목적으로 극적인 장소를 창조하여 공중의 관심을 끌어냄으로써 그 장소에 참가한 사람들의 공유체험이나 연대적 감정을 기업과의 우호적인 분위기 속에서 높이는 것 · 특별행사로 호텔이 매스커뮤니케이션의 주목을 끌기 위해 실시하는 미리 계획된 행사
1995	이상우	· 호텔이 주체가 되어 매출 증진이나 호텔의 이미지 향상을 위해서 호텔 내의 일정한 장소나 공간에서 행하는 행사 · 호텔이벤트는 호텔의 연중행사 계획에 의해 실시되는 것이 일반적이며 짧게는 1일, 길게는 1개월 이상 실시
1998	박원영	· 정보의 전달이나 판촉, PR을 목적으로 하고 또한 고객의 관심도를 증가시키기 위해 고객과 서비스 제공자의 상호작용, 즉 커뮤니케이션 측면에서의 마케팅 활동 · 호텔마케팅 관점에서의 커뮤니케이션
2001	전원배	· 뚜렷한 목적을 가진 주최자(호텔기업)가 체계적인 방법으로 참가자와 같은 장소에서 커뮤니케이션 하는 행위 · 이벤트의 의미가 협의이든 광의이든 그 성격이 독특한 관광매력을 발휘하여 관광객을 유인할 수 있는 관광상품적 가치가 있는 이벤트로 규정

2004	신강현	· 고객의 잠재수요 개발과 확대를 목적으로 호텔 내에서 계획적으로 고객의 욕구를 유발시킬 수 있도록 유도하여 호텔매력을 창출하는 가치가 있는 활동 및 행사 · 다양한 관광객의 요구 및 취향을 만족시키는데 최대의 도구이며 재방문을 요구하는 결정적 요인
2008	이기국	· 고객 잠재수요 개발과 확대를 목적으로 호텔 내에서 계획적으로 고객의 욕구를 유발시킬 수 있도록 유도하여 호텔의 브랜드 가치를 창출하는 활동 및 행사 · 호텔의 상품을 판매활성화 하고자 하는 의도성을 갖고 계획적으로 호텔상품을 기획 상품으로 만들어 호텔 고객들에게 제공 및 판매하는 이벤트를 지칭

04 | 호텔이벤트의 특징과 효과

호텔이벤트의 목적은 호텔의 이미지를 부각시키고 조직 내부의 근로의욕을 높이며 결국 고객의 관심을 유인하여 매출과 이윤을 높이는데 있다고 할 수 있다. 이벤트를 통해 고객의 주목과 추억의 가치를 전해줄 수 있는 유입에 대한 고민이 관건일 것이다. 호텔기업은 전사적인 호텔마케팅 및 영업 전략을 바탕으로 호텔이 처한 위치, 상황, 특수성을 고려하여 호텔이벤트를 개최하여야 한다. 호텔은 이벤트를 통해 고객에게 만족스러운 즐거움을 주고 엔터테인먼트 상품을 개발하여 판매촉진 효과와 문화예술 컨텐츠 영역의 확대에 기여하는 것이다.

호텔기업은 고객만족을 최우선으로 하는 기업 중의 하나로 고객과의 커뮤니케이션은 생명이라 할 수 있다. 호텔에서 고객지향적 마케팅은 고객에게 모든 초점이 민감하게 움직이고 마케팅 전략이 이런 관점에서 수립되어야 함을 의미한다. 호텔이벤트의 특징을 설명하면 다음과 같다.

① 이벤트 마케팅 믹스(marketing mix) 중 촉진(promotion)의 주요 수단이다

마케팅 믹스의 촉진수단 중에서 이벤트는 고객과 커뮤니케이션 하여 고객 만족을 가져오는 주요 수단이다.

② 호텔 연회장을 보유하고 있어 다양한 행사의 자체 실행이 가능하다

호텔은 이벤트를 할 수 있는 장소를 보유하고 있으므로 판매, 판촉, 컨벤션 등을 개최하는 데 용이하다.

③ 문화공간으로서의 역할을 수행한다

호텔의 숙박, 식사, 판촉의 기능을 넘어 문화 활동이나 시민 휴식공간으로의 서비스를 제공한다.

④ 문화 창조와 서비스의 차별화를 추구하는 체험산업의 성격을 갖는다

교통, 통신, 인터넷 등의 발달로 정보가 노출되고 호텔시설의 고급화되며 변화된 상황에 호텔은 직면해 있다. 이의 극복을 위한 최신기술의 지속적인 도입 외에 매력적이고 환상적인 체험적 산업experimental industry이 되도록 노력을 기울이고 있다.

⑤ 호텔이벤트는 호텔의 소비적인 인식을 바꾸는데 기여한다

호텔기업의 자체광고, PR, 기타 여러 가지 홍보방법이 미흡하여 호텔의 소비성에 대한 인식을 호텔이벤트가 변화시킬 수 있다.

⑥ 호텔 이미지 제고에 효과적이다

호텔이벤트는 고객이 자발적으로 참여하도록 프로그램을 구성하여 구심적centripetal 마케팅 방법으로 적합한 수단이다.

최근 들어, 고객들의 호텔 이용 경험이 많아짐에 따라 호텔 기업에서 여러

가지 요구의 다양화, 요리 내용의 풍부함, 서비스 기술의 최신화(最新化)되고 있다. 시대의 변화에 적응하고 고객의 만족을 위해 즐거움을 선사하고 호텔의 이미지를 높이며 호텔 이용 고객의 문화적인 가치를 창출해 내는 마케팅 활동으로써 호텔이벤트의 중요성이 있다. 호텔이벤트의 효과에 대한 연구는 〈표 1-2〉와 같다.

호텔은 상품 자체를 판매하는 것이 아니고 서비스라는 무형의 상품을 판매하는 것이므로 고객과의 커뮤니케이션이 중요하다. 호텔 이미지에 친근감과 즐거움을 유발하여 고객에게 만족을 줄 수 있는 상황[situation]을 만들어야 한다. 호텔이벤트는 이러한 조건의 형성에 어울리는 방법으로 긍정적 효과를 가져올 수 있다.

표 1·2 호텔이벤트의 효과 연구

연구자		내 용
1995	정강환	· 호텔의 위치한 지역의 지명도 확립 · 관광이미지 개선에 도움이 되는 매력창조의 기회 제공 · 지역 주민과의 교류, 물자 교류의 확대
1996	구경원	· 직접적인 효과 – 고객증가의 효과, 매출증진의 효과, 종업원의 근무의욕 향상, 효율적인 재고관리, 신상품 개발의 효과 · 간접적인 효과 – 홍보효과, 기존고객의 재방문 의욕 고취, 업장 이미지 개선효과
1999	김성혁 · 고호석	· 대규모 관광객 유치, 관광 진흥, 관광산업 발전, 관광수입의 극대화 · 고객유치 효과, 고용기회 효과 개인소득의 증대, 지방세입의 증대 등 생산유발 효과
2002	이복희	· 내국인뿐만 아니라 외국인 관광객을 직접 대할 수 있는 장소이다. · 호텔이벤트 상품을 객실에 투숙하는 고객에게 제공하여 홍보를 할 수 있다. · 호텔의 입장료 수입, 매출증대의 효과 · 지역경제의 발전 효과, 고용증대 파급효과 · 지역주민의 자부심과 의식수준의 향상, 교육 및 문화진흥 효과

연구자		내 용
2006	한국지방 자치단체 국제화재단	· 긍정적 효과 - 경제적 이득의 직접적 효과, 커뮤니케이션 효과, 광고효과, 파급 효과, 보상효과, 판촉 효과, 기술발전 효과, 유통경로의 다양화, 지역산업과 문화촉진, 이벤트 참가자에 대한 효과, 퍼블리시티 효과, 국민통합과 정서적 안정 · 부정적 효과 - 거시적 목적을 추구하여 유치하는 이벤트는 많은 행정력을 필요로 하는데 기대된 효과를 얻지 못하면 손실이 발생 - 대중의 이동으로 인한 교통 혼잡과 지역주민의 불편 - 이벤트 지역의 우발적 사고와 발생이 일반적일 때보다 높음 - 인구의 집중으로 공공시설물 사용 및 일시적 생활의 불편 초래 - 이벤트의 찬성과 반대 의견, 환경문제와 소음 - 지나친 관광 상품화, 사회의 긴장감으로 생활리듬의 방해

호텔이벤트의 효과는 먼저, 호텔의 고객증대 방안이다. 고객의 의식구조와 행동양식이 변화된 오늘날 일반적인 호텔의 식음료 상품보다는 타깃 마케팅 일환으로 이벤트를 기획함으로써 기존 고객뿐만이 아니라 미래 고객까지도 확보가 가능한 것이다.

둘째, 호텔 매출증대 방안이다. 호텔이벤트는 단골고객 외에도 새로운 시장을 창출하는 역할을 하는 것으로 결국 호텔 매출을 증대시키는 효과가 있다.

셋째, 호텔 대내외 홍보수단의 효과이다. 호텔이벤트의 개최 시 행사내용이 오프라인과 온라인에 홍보가 되기 때문에 영업장과 호텔이 자연히 알려지는 꾸준한 홍보효과가 있다.

넷째, 호텔 종사원의 근무의욕 증진이다. 호텔 외부의 효과만이 아닌 호텔 내부의 효과로 직원이 호텔이벤트 기획에 참가해서 나타나는 회사에 대한 주인의식과 결과적으로 고객서비스에 최선을 다 하게 되고 호텔의 매출과 이미지에 영향을 미친다.

전원배(2001)는 호텔이벤트의 긍정적 효과로 다음을 제시하였다.

① 생산유발 효과

- 이벤트 시설물 건설에 의한 고용기회 증대
- 입장객 소비에 의한 개인소득 증가, 지방세 수입 증가

② 지역 고유성 확립

- 지역의 지명도, 이미지, 연대가 형성으로 관광객 증가, 지역입지 향상, 지역산업 진흥 기회 증대

③ 교류확대와 네트워크 구축

- 지역의 기술, 문화수준의 제고로 기획설계, 디자인 등의 기술이전 가능
- 정보, 접촉기회의 증대로 전문가 집단 등의 인적채널 형성
- 지역의 새로운 매력 창조기회 획득으로 참가, 협찬기업의 채널구축
- 지역발전의 장기적 기반강화로 산업간 교류와 복합화 추진

출처 : 워커힐 호텔 '블루비키니' 이벤트 화보(2010. 7)

Chapter 2
호텔의 이해

01 호텔의 분류

호텔업은 하나의 복합체로서 산업군을 이루고 있기 때문에 분류에 있어서 대단히 다양하고 복잡한 양상을 보인다. 호텔을 법규에 의해 분류해 보면 관광진흥법에 의해 관광호텔, 유스호스텔업, 해상관광호텔업, 가족호텔업, 휴양콘도미니엄, 한국전통호텔업으로 분류된다. 그러나 일반적으로 분류하고 있는 기준은 입지적 분류, 규모에 의한 분류, 숙박기간에 의한 분류, 숙박목적에 의한 분류, 경영호텔방식에 의한 분류가 많이 사용되고 있다.

호텔은 특성에 따라 다양하게 분류되고 성격 또한 복합적으로 결합되어 있으나 일반적인 호텔의 분류를 해보면 다음과 같다.

① 비즈니스호텔(business hotel)

commercial hotel로 주요 고객이 업무상 출장을 온 사람들이며 보통 룸서비스와 커피숍, 식당, 칵테일라운지, 세탁실이 있으며 컴퓨터나 팩스를 이용할 수 있는 비즈니스센터가 있기도 하다. 우리나라의 경우 하얏트호텔, 신라호텔, 인터콘티넨탈호텔이 대표적이다.

② 리조트호텔(resort hotel)

휴가를 가는 여행자를 위해 만들어진 도시에서 떨어져 주로 해변이나 산속에 위치한다. 수영장이나 사우나, 고급식당 등 손님들이 즐길 수 있는 각종 시설이 갖추어져 있다. 우리나라의 경우 롯데호텔(잠실), 부산롯데, 워커힐호텔이라 할 수 있다.

③ 공항호텔(airport hotel)

Airport Hotel로 공항 근처에 위치하고 있어 공항에서 쉽게 갈 수 있고, 보통 공항과 호텔 간에 무료 셔틀서비스를 제공한다. 인천국제공항에 인접한 호텔들이 공항호텔이라 할 수 있다.

④ 컨퍼런스호텔(conference hotel)

conference hotel로 대규모 인원이 모일 수 있는 회의실을 제공하고 컨벤션을 개최할 수 있는 각종 장비나 서비스가 제공된다. 독립적으로 컨벤션센터를 보유한 호텔들과 대규모 컨벤션센터에 인접한 호텔들이 컨퍼런스호텔의 성격을 가지고 있다. 호텔의 성격이 여러 가지를 복합적으로 가지고 있는 경우도 있다.

⑤ 카지노부속호텔(casino hotel)

매우 사치스럽게 만들어져 있고 호텔 안에는 고급식당과 연회장이나 쇼룸들이 함께 만들어져 있다. 우리나라의 경우 강원랜드, 파라다이스, 제주지역의 호텔들이다.

⑥ 장기체류호텔(residential hotel)

장기체류를 할 수 있도록 고안된 호텔로 주 단위나 월 단위로 계약을 하여 가격도 싸다. 우리나의 경우 그랜드힐튼호텔(홍은동)을 예로 들 수 있다.

⑦ 중저가호텔(budget hotel)

모텔과 모터호텔 사이에 나타난 새로운 경영방식이고 1963년 William Becker에 의해 시작되었다. 중저가 호텔이란 관광호텔 수준의 서비스와 안전, 청결을 유지하면서 비용에 민감한 여행객에게 중저가의 경제적인 가격으로 호텔상품을 제공할 수 있는 호텔이라고 볼 수 있다. 중저가 호텔은 중저가의 숙박

비로 관광호텔 수준의 숙박이 가능한 새로운 형태의 호텔이다.

⑧ 경제적인 호텔(economy hotel)

Economy Hotel은 제공되는 서비스는 별로 없으나 싼 값에 깨끗한 방이 제공된다. 반면 침실과 별도로 응접실이 있어서 업무를 하거나 파티를 즐길 수 있는 호텔은 응접실이 딸린 호텔이라 부르기도 한다.

⑨ 슈퍼 딜럭스호텔(super deluxe hotel)

최고급 호텔을 지칭하고 5성 호텔보다 고급화된 호텔로 시설, 서비스, 운영면에서 차별화 된 품격이 돋보인다. 두바이 버즈알아랍호텔(7성), 우리나라의 W호텔(6성)이 있다. 딜럭스 고급호텔은 특1급호텔을 말하며 5성(골드스타 5)으로 표현된다. 엠배서더 호텔, 리베라 호텔은 특2급호텔(그린스타 5)을 말한다.

Lattin(1993)이 제시한 호텔의 분류는 다음과 같다.

표 2•1 호텔의 분류

미 국 식	영 국 식
· Commercial Hotels	· Grand or Deluxe Hotels
· Airport Hotels	· Four-star Business Hotels
· Conference Hotel	· Economy Business Hotels
· Economy Properties	· Mountain, Sea, Lake and Spa resort
· Suite or All-Suite Hotels	· Airport Hotels
· Residential Hotels	· Country Inns
· Casino Hotels	· Grand tour operation' hotels
· Resort Hotels	
· Bed and Breakfast Hotels	

출처 : Lattin, G. W.(1993). The Lodging Food Serve Industry(3rd ed). East Lansing: The E.I., 114

02 | 비즈니스와 리조트호텔

호텔의 분류는 그동안의 학문적 구분과는 달리 실무적으로 나누어 설명하기에 어려움이 많다. 왜냐하면 장소, 기간, 목적, 경영형태 등에 의해 분류를 하지만 그 성격에 있어 여러 가지 내용이 함께 나타나기 때문이다.

그러나 호텔이벤트를 기획하고 운영함에 있어 리조트 성격의 호텔에서 더욱 빈번히 주목을 받고 있는 것이 사실이다. 이벤트 기획에서 리조트호텔의 잘 갖추어진 시설, 지원부서의 협조, 기존의 행사 경험들이 성공적인 이벤트를 이끌어 주는 장점이 있다. 호텔의 성격에 의한 분류에서 크게 비즈니스호텔과 리조트호텔의 분류는 이러한 점에서 다소 호텔이벤트를 설명하는데 도움을 준다.

〈표 2-2〉는 호텔의 분류를 크게 도시 호텔과 관광지 호텔로 구분하고 있는데, 위치에 따른 기준으로 비즈니스와 리조트호텔의 구분에 적용이 가능한 세부적인 사항들이 포함되어 있다.

표 2•2 도시호텔과 관광지호텔

<table>
<tr><th colspan="2">도시호텔(City Hotel)</th><th colspan="2">관광지호텔(Resort Hotel)</th></tr>
<tr><td rowspan="2">단기체제호텔</td><td rowspan="2">· 고급호텔
· 상업호텔
- 도심호텔
- 교외호텔
- 터미널호텔 : 역전호텔, 공항호텔, 항구호텔
- 회관호텔(공공기업체 경영호텔)
· 회의용 호텔</td><td>리조트호텔</td><td>· 산악호텔
· 호반호텔(Lakeside Hotel)
· 해변호텔
· 온천호텔</td></tr>
<tr><td>트래픽호텔</td><td>· 모텔(자동차 여행지향 호텔)
· 하이웨이호텔(자동차 여행지향 호텔)
· 인(소규모 호텔, Inn)</td></tr>
</table>

	·사업자호텔 ·모텔 ·하이웨이호텔 ·소규모호텔	스포츠호텔	·골프장호텔 ·스키고객용 숙박 ·자동차여행용 숙박 ·캠프 방갈로 ·요텔(Yachtel) ·보텔(Boatel)
장기체제호텔			
아파트호텔		구미 분양방식호텔(Eurotel)	
		미국 분양방식호텔(Condominium)	
양풍민솟(팬션)		양풍민속(팬션)	

출처 : 김재민 외(2003)

호텔의 분류에서 비즈니스호텔과 리조트호텔의 분류를 정리하면 비즈니스 호텔은 대단위 숙박 및 부대시설을 가지고 주로 비즈니스 고객을 위한 호텔이다. 고객을 위해 종종 시내 중심가나 사업을 하기 편한 곳에 위치하게 된다. 비즈니스호텔은 상업뿐만이 아닌 포괄적인 개념으로 사업호텔이라고도 하는데 고객의 대부분이 회사원, 상공업자, 금융업자, 무역업자 및 사업의 목적으로 여행하는 기술자들이다.

비즈니스호텔은 광의의 사업을 포함한 포괄적인 개념을 지니고 있으며 고객의 대부분이 사업을 목적으로 여행하는 비즈니스맨businessmen들이며 이들의 유치를 대상으로 하는 호텔을 말한다. 비즈니스호텔은 고객이 사업 활동에 대한 편리한 장소에 위치하게 되며 호텔시설도 그들의 사업 활동에 대한 편리성을 제공하여야 한다.

추가요금 지급이 없는 신문, 모닝커피, 컴퓨터 터미널 등이 룸에 제공되어야 함은 물론 룸서비스, 커피숍 및 정통식당을 갖추고 있어야 한다. 칵테일 라운지가 있을 수 있고 세탁, 주차대행서비스, 상점, 전문적인 클리닉, 의료서비스가 될 수 있어야 한다. 때때로 수영장, 사우나, 헬스클럽이 제공되고 비즈니스호텔이 주로 비즈니스 여행자에게 매혹적이기는 하지만 개인적인 관광객, 단체, 컨벤션 그룹들 또한 사용할 수 있다.

그리고 호텔사업에서 비즈니스 고객이라 함은 일반적으로 그룹이나 단체 고객이 아닌 개인고객F.I.T : foreign independent tour을 의미한다(Metelka, 1990). 호텔의 일반고객이 전반적인 호텔의 모든 시설, 즉 객실, 식음료, 기타 부대시설을 사용하는 고객이라 할 때 비즈니스 고객은 말 그대로 여러 형태의 비즈니스여행business travel을 위하여 호텔을 이용하는 단체고객에 반하는 개념이라 할 수 있다. 직업상의 결과로 갖는 여행을 의미하기도 하고 회의 또는 휴식이 포함되는 사업여행의 성격을 갖기도 한다.

특수한 시장성의 요구나 특수한 서비스(타이피스트, 미팅 룸)를 포함하기도 하는데 순수 관광여행과는 구별된다. 환대산업과 여행, 관광사전에는 비즈니스 여행business travel을 정의하고 있고 또한 비즈니스 고객의 유치 시 비즈니스 여행, 여행자를 포함하며 이는 단순여행과는 구별되는 것으로 크게 분류하면 다음과 같다(최태광 외, 2002).

① 정기적 비즈니스 고객
② 컨벤션과 관련된 비즈니스 여행
③ 인센티브 여행

호텔의 고객구분은 일반적으로 표적시장을 고려하여 고객 유형별과 국적별로 나누는데, 고객유형은 개인고객individual guest과 단체고객group guest으로 나눌 수 있다. 비즈니스호텔에서 주 고객은 개인고객으로 볼 수 있고 개인고객의 구성도 여러 형태를 이루고 있다. 주로 비즈니스 상담과 기업 거래와 관계된 수출입 업자의 엔지니어, 다국적 기업회의 교육 참가자, 정부의 사절단 등이다. 비즈니스 고객F.I.T은 단체고객에 비해 다른 특성을 가지는데, 다음과 같다.

① 고객의 사회적 지위 대표성이 마케팅 파급효과를 가져온다.
② 호텔의 고급화된 이미지 관리에 유리하다.

③ 높은 가격의 객실 이용과 평균 체제일수가 길다.

호텔산업에서 F.I.T 고객의 장점과 단점을 비교해보면 〈표 2-3〉과 같다.

표 2•3 F.I.T 고객의 장점과 단점

구 분	내 용
장 점	· 객실, 식음료, 극장식당 등 전 상품에 적용이 가능 · 이익률이 단체고객보다 높음 · 외적 영향(정치, 경제 등)이 단체고객보다 적음 · 단체고객보다 고객의 질(Quality)이 높음
단 점	· 판매 활동이 어려움 · 판매 활동에 대한 효과가 늦음 · 고객의 요구가 다양함 · 장기적, 지속적 관리가 필요

웹스터사전Webster dictionary을 보면 "휴가, 건강회복 등을 위해 사람들이 찾아가는 곳"이라고 리조트resort를 정의하고, Gee(1981)는 "레크리에이션recreation, 건강, 즐거움을 위해 여행을 하는 관광객에게 제공되는 곳"이라고 리조트의 기본적인 목적을 설명하였다.

리조트호텔은 휴가를 즐기고 오락과 유흥을 추구하는 고객들을 대상으로 한다. 상업용 호텔의 고객은 호텔에 체제하면서 편리성에 주안점을 두는 반면, 리조트호텔의 고객들은 마치 가족의 일원처럼 대우받기를 원한다. 호텔 내에서 필요에 따라 지배인을 만날 필요성을 느끼고 휴식을 취하며 즐거운 시간을 갖기를 희망하는 것이다. 호텔 경영층의 인식도 고객과 개인적이고 우호적인 관계를 만드는 데 우선점을 두어야 한다.

리조트호텔은 다른 숙박시설과는 달리 보통 휴양객들과 같은 고객의 목적지로 계획되어진다. 대부분의 고객이 관광과 휴식을 목적으로 찾아오는 호텔이기 때문에 관광대상tourism objective으로서 관광자원이나 관광상품tourist product은 관광객에게 대하여 매력성과 유인성을 지니고 있어야 한다. 이런 점에서 리조트 성격의 호텔에서는 이벤트의 중요성이 더욱 커지는 것이다. 리조트호텔들은 오락 및 연예책임자를 두고 레크리에이션과 레저에 중점을 두고 있고, 호텔의 특성에 맞게 댄스, 골프, 테니스, 승마, 하이킹 등의 활동을 하는 고객을 위해 특별한 서비스를 제공하고 리조트호텔의 직원은 이벤트 활동의 매니저와 전담 문화예술 책임자를 두기도 한다.

리조트호텔의 종류는 대단히 많다. 영업형태에 따라 콘도미니엄 리조트, 계절성에 따라 여름 리조트, 연중무휴 리조트, 겨울 리조트로 구분할 수 있다. 구분에 있어 중복성이 있으나 대표적인 분류는 다음과 같다.

① 현대식 리조트호텔(modern resort hotel)

다양한 식당, 넓은 회의 및 컨퍼런스 공간, 카지노, 수영장, 골프 코스, 테니스센터 그리고 해안을 낀 훌륭한 경치를 가지고 있는 리조트이다.

② 복합기능 리조트(mixed-use destination resort)

전형적으로 modern resort에 의해 시작된 것으로 빌라, 아파트 스타일의 콘도미니엄 등의 많은 부동산을 포함한다.

③ 도시 리조트(urban resort)

도시 근교에 위치하는 리조트로 정부기관, 비즈니스센터, 공항에 관계되고 있는 비교적 구식의 디자인을 가지고 있다.

④ 카지노 리조트(casino resort)

많은 최신의 호텔들이 소규모의 카지노를 가지고 있지만, 카지노 리조트는 이것과는 달리 매출 규모에 있어 대단한 포지션을 가진다. 대표적인 예로, 쉐라톤워커힐을 들 수 있다.

⑤ 패키지 리조트(all-inclusive resort)

상품의 사용에 있어 미리 정해진 가격의 세팅으로 무제한적인 제공을 하는 리조트이다.

⑥ 고급 리조트(boutique resort)

최고의 숙박시설, 식음료, 최상의 고객을 유인하기 위한 준비된 특별 리조트이다.

⑦ 게스트 하우스 및 인(guesthouse and inns)

⑧ 저가 호텔(budget hotel)

오랫동안 대부분의 휴양지 호텔들은 계절적으로 영업을 했으나, 오늘날에는 이러한 휴양지 호텔들이 연중무휴 호텔경영을 하고 있는 경향이 두드러지게 나타나고 있다. 많은 휴양지 호텔들이 비수기off-season에도 호텔의 영업을 계속하는 것이 호텔의 문을 닫고 영업을 중지하다가 성수기high-season가 되어 호텔시설을 개보수하고 새롭게 하기 위한 개관 비용과 직원을 모집하는 비용이 많이 들기 때문에 호텔을 계속 운영하는 것이 효과적이라는 것을 알게 된 것이다. 많은 고객들이 전체 계절을 통하여 휴양지를 찾아오지만, 휴양지 호텔의 영업 특징은 주중보다는 주말의 영업이 호텔 영업수익에 지대한 영향을 미친다. 리조트호텔의 경영 특징은 〈표 2-4〉와 같다.

표 2•4 리조트호텔의 경영 특징

구 분	특 징
고 객	관광객의 즐거움, 휴식, 레크리에이션이 더욱 강조된 운영체계 필요
위 치	도시의 소음에서 벗어나 휴가를 즐기기 위한 고객들로 구성되어 깨끗한 해변이나 산, 호수 근처에 위치
레크리에이션	레크리에이션 시설 및 운영관리의 전문지식을 갖춘 트레이너(trainer)가 필요
계 절 성	성수기와 비수기가 뚜렷하게 나타남
직원자세	직원들이 가족의 일원으로 느낄 수 있도록 특별한 자세가 요구됨
경영기술	객실, 식음료 및 리조트의 경영특성을 잘 파악하여 대처할 수 있는 치밀한 계획과 능력을 소유해야 함
직원협조	직원들의 책임감 있는 고객서비스 제공은 리조트의 기본임
직원주택	도시에서의 거리로 인해 주거의 문제를 해결해 주어야 함
영업수익	객실, 식음료뿐만 아니라 레크리에이션 활동 등에서 수익이 가능함
비 용	이벤트 준비 비용, 그에 따르는 식음료 등의 준비 비용이 발생함
이 벤 트	차별적인 이벤트 행사를 마련하여 이미지를 더욱 부각시킬 수 있으므로 페스티벌, 파티 등의 이벤트로 고객의 충동을 자극해야 함

03 호텔의 조직

호텔의 조직은 크게 국내 로켈local 호텔과 외국 체인(또는 프랜차이즈) 호텔 방식으로 나누어 볼 수 있다. 조직이라는 형태는 행동방식을 결정하는 그릇과 같은 역할을 하는 것으로 국내와 국외의 문화적인 영향에 의해 크게 달라진다. 예를 들면, 외국 체인방식의 호텔의 경우 총지배인 중심으로 영업부문의 강조점을 두고 경영을 하고 있는 반면, 국내 호텔방식에서는 대표이사

(또는 사장) 중심으로 관리부문에 치중해 경영을 하는 것을 볼 수 있다.

그러나 최근에 와서는 고객 중심의 서비스 경영이 중시됨에 따라 총지배인 중심으로 전문경영인 체제로 돌입하고 있다. 호텔은 그 특성상 라인조직line organization을 이루고 있으므로 지배인 중심 경영이 타당하다고 할 수 있다.

과거 관리부문의 중요성이 상대적으로 강조되었을 당시 재무파트의 경력이 경영자가 되는데 유리한 점이 많았다. 호텔산업이 서비스산업이므로 이익관리가 중요했고 호텔시설이 대규모 자산이므로 금융자산 관리가 또한 중요했음을 알 수 있다. 영업부문에서의 경영자 과정은 객실 파트와 식음료 파트의 경쟁이라 해도 과언이 아닐 것이다. 물론 호텔의 이익관리 측면에서 객실과 식음료의 비중이 더욱 중요한 파트에 비중이 실렸음은 쉽게 알 수 있는 사실이다.

최근의 경향은 조리부문의 약진이다. 한국의 특1급호텔에서 조리장이 경영자의 임원 대열에 들어선지 오래이다. 호텔의 상품은 조리이고 맛의 경영에 대한 인식과 외식산업의 발전이 근간을 이루었음을 알 수 있다.

[그림 2-1] 호텔의 조직

호텔에서 마케팅 부문은 영업과 관리의 중간적 성격을 갖는다. 그러나 호텔마케팅은 객실과 식음료상품을 판매하기 위한 활동에서 예약보다는 인적 판매 행위에 의존하기 때문에 영업부문의 성격이 강하다고 해야 할 것이다. 어느 호텔이든지 판촉부서라는 이름으로 엘리트 직원들로 구성된 판매 전위 부대가 준비되어 있다. 그리고 호텔의 마케팅부서는 일반 기업체의 기획팀과 같은 역할을 한다. 호텔기업의 예산과 전략에 관한 기획을 수립한다. 물론 각 영업장과 함께 협조 및 조정의 업무를 수행하고 독립적으로 기획 부서를 가지고 있는 호텔도 있다. 광고보다는 홍보에 치중한다는 점이 호텔마케팅의 특징이기도 하다. 호텔은 이미지 관리가 생명이므로 홍보의 중요성이 배가된다.

[그림 2-1]은 한국 특1급호텔의 대표적인 조직구성을 보여주는데 호텔의 상황에 따라 다소 차이를 보이고 있다. 그러나 호텔의 상황보다는 호텔의 규모에 따라 조직의 구성은 확연히 차이를 보이게 된다. 특1급호텔은 조직의 규모가 크기 때문에 식음료 부서와 조리 부서는 분명 별도로 존재한다. 그리고 연회부서도 연회예약이라는 기능을 중심으로 독립된 부서로 조직된다. 규모가 작은 호텔에서는 식음료 부서에서 조리와 연회의 기능을 포함하기도 한다.

관리부문은 일반기업과 많은 차이를 보인다. 일반기업에서도 인사, 재무, 구매부서가 관리부서의 중심을 이루고 있지만 그 성격은 대단히 다르다. 인사부서에는 채용뿐만이 아니라 교육이라는 기능이 더욱 중요성을 가진다. 그 이유는 호텔기업의 특성이 서비스라는 것을 바탕으로 하기 때문에 영업장과 함께 교육훈련이라는 역할이 강조되는 것이다. 재무에 있어서도 회계와 자금부서 뿐만이 아니라 호텔에서는 각 영업자의 매출과 관련되는 캐셔 업무를 기본으로 하는 영업회계라는 독특한 업무가 있고 식음료와 같은 식자재 관리 및 재고관리와 연관된 원가관리라는 업무가 자리하고 있다. 원가관리는 호텔기업에서 수익과 직결되는 중요한 업무라고 할 수 있다. 그리고 호텔의 영업활동의 후불에 관련된 여신기능이 있다. 구매부서도 일반기업과는 다른 기능을 가지고 있는데, 자재의 수급이 각 영업장의 주방으로 공급되는 업무의 시작으로 창고의 저장과정 등과 같은 내용을 수행한다.

호텔기업의 조직을 전사 차원의 process model로 나타내면 [그림 2-2]와 같다. 고객적 관점에서 시작하여 서비스가 제공되는 과정을 표현한다. 마케팅 기획에서 출발하여 서비스 상품의 제공 그리고 이를 지원해 주는 과정을 이해하는데 도움을 준다.

Operation Process			Support Process		
Marketing / Sales	자원조달	고객서비스	기 획	재무관리	HRM
시장조사 / 분석 상품기획 프로모션 판 매	시장조사 자원조달계획 거래선관리 입 출 고	예 약 준 비 서비스제공 Cashiering	예산편성 관리회계	일반회계 영업지원 여신관리 비품관리	인력확보 인력양성 인력활용

[그림 2-2] 호텔의 서비스 프로세스

04 호텔의 업무

호텔의 업무는 업무분장표에 의해 세분화되어 있다. 호텔 조직도에 의해 구분된 명확한 부서로 나누어져 다시 세분화된 팀, 과 단위로 업무가 분장되는 것이다. 호텔기업의 업무는 고객이 호텔에서 도착해서 서비스를 제공받는 과정으로 부서의 흐름을 살펴보는 것이 복잡한 호텔의 기능을 이해하는데 도움을 준다.

호텔의 업무에서 가장 기본적인 것은 객실부서이다. 숙박의 기능은 호텔에서는 아주 근본이 되는 것으로 주차관리, 도어맨, 벨맨, 프런트데스크, 리셉셔니스트receptionist, 컨시어지concierge, 비즈니스센터, EFL / GRO, 예약, 교환, 공항관리, 객실관리(하우스키핑), 객실정비, 세탁물관리, 미니바 등으로 세분화된다. 프런트데스크는 객실업무 중에서 가장 중요한 기능으로 특히 전산화되어있는 현대시대의 호텔에서는 더욱 중요성이 커지고 있다. 리셉셔니스트receptionist는 고객안내와 check in, check out을 도와주며 EFL / GRO는 VIP 고객의 특별층 관리 및 고객의 응대서비스를 담당한다.

concierge는 고객에게 불편함이 없도록 배려하며 영접 업무를 담당한다. 객실예약은 객실을 원하는 고객에게 객실판매 및 호텔정보를 안내하는 업무를 한다. 공항 담당관은 공항 상주, 미 예약 고객을 호텔로 유치, 주요 고객 영접 및 송객 업무porter를 관할한다. 비즈니스센터는 고객의 비즈니스 관련된 업무지원 및 계약체결, 팩스, 우편, 통역, 비서, 컴퓨터, 사무용품, 회의실 대여 업무를 한다. telephone operator는 내 · 외부 고객 전화요구 응대 및 호텔 정보제공 업무를 한다.

표 2•5 호텔의 업무

부 서	업 무	비 고
객 실	· 리셉셔니스트 / EFL / GRO는 고객의 체크인, 아웃을 담당하며 투숙고객 객실과 관련된 각종 정보 및 서비스 제공 · EFL / GRO는 VIP를 위한 1 : 1 서비스를 제공 · Concierge는 고객을 처음 만나 영접하며 마지막까지 환송하는 부서 · 예약은 전화나 현장에서 객실 이용을 원하는 고객에게 예약 및 판매, 정보 제공 · 공항담당은 공항에 상주하며 예약하지 않는 고객, 기타 사유로 인해 체재해야 하는 고객 등을 영접 및 안내 · 비즈니스 센터는 관광객이 아닌 비즈니스 고객의 비즈니스 관련 비서업무, 팩스, 통역, 우편 업무와 컴퓨터 및 회의실 대여, 계약체결 서비스 담당 · 교환은 외부고객 및 투숙고객의 전화응대, 정보 제공	주요 VIP

객실관리	· 호텔 객실의 모든 청결 유지관리 · 하우스키핑 룸 메이드는 객실청소, 청결, 투숙객 편의 제공 · 라운드리(laundry)는 투숙고객의 세탁물 관리	하우스 맨 미니바
식음료	· 식료는 레스토랑으로 한식, 일식, 중식, 이태리식, 프랑스식, 양식 등이 있음 · 음료는 바, 와인바, 커피라운지, 카페테리아, 스카이라운지 등이 있음 · 룸서비스	웨이터 웨이츄리스
연 회	· 웨딩, 국제회의 행사 등 단체	
스튜어드	· 기물관리, 호텔 내 사용 기물 관리 및 청결 유지	
조 리	· 식음료 업장에서 제공되는 음식물 및 식자재 조리 · 조리사무실에 모든 정보 공유 · 주방으로 대표성을 띠며 크게 메인 주방과 키친으로 구분 · 메인 주방은 중앙공급적인 지역을 말하며 핫, 콜, 부쳐, 베이커리를 의미한다. · 키친은 각 업장의 주방을 의미	팬트리 : 연회장 주방지역을 의미
헬 스	· 휘트니스 클럽(fitness club) 고객, 회원 영접 및 관리	
예 능	· 극장식당 쇼 및 연예 공연물 담당, 이벤트 기획	
마케팅 세일즈	· 객실판촉은 개인 및 단체 고객의 호텔유치, 신규시장 · 연회판촉은 연회, 컨벤션 행사 유치 및 고객관리 · 마케팅은 판매촉진과 관련된 각종정보 수집, 분석, 판매 극대화 · 홍보는 호텔의 이미지를 대외적으로 널리 알리고 광고홍보	
원가관리	· 호텔 식자재의 반입, 검수, 불출 업무 · 각 영업장 재고관리, 심사업무, cost control	창고관리 재고관리
영업회계	· 영업장 캐셔 관리 · 호텔 매출관리	
교육훈련	· 호텔맨으로서 갖추어야 할 지식 공급 · 호텔의 소개 및 관련학교 등에 설명회	
외부사업	· 호텔 외부에 식음료 영업장, 골프 클럽하우스 등 확대 · 호텔 브랜드 사업	

객실관리부house keeping는 하우스 맨, 룸 메이드 업무로 객실의 청소 업무를 하고 laundry는 고객 세탁물관리를 한다. butler, linen은 전반적인 섬유 자재관리를 한다. 하우스키핑 업무는 유럽에서는 그 비중이 대단히 높고 객실 청소 상태의 신속하고 정확한 파악은 객실예약 업무와도 아주 밀접한 것이며, 미니바와 객실비품관리에서도 손실률loss rate을 줄이고 호텔의 이익에 직접적으로 기여하는 업무기능이다.

식음료 업무는 호텔에서 꽃이라고 불리는 것으로 다양한 레스토랑인 한식, 중식, 일식, 양식, 뷔페, 룸서비스 등으로 구성되고, 음료과에서는 커피숍, 라운지, 바, 스카이라운지 등이다. 불란서, 이태리 식당이 가장 고급스러운 식당으로 여겨지고 영업관리에 있어 매출대비 원가비율이 높아 단골고객 및 VIP 관리가 중요하다. 중식과 석식이 제공되고 오후 3시부터 저녁식사 전까지 대개 클로스close 시간이고 석식 마감 전에 라스트 오더last order가 있다. 운영은 지배인, 부지배인, 캡틴, 웨이터(접객원)체계로 이루어진다. 서비스 과정은 다음과 같다.

① 예약확인

레스토랑 직원들은 먼저 그날의 예약 상황 및 VIP 체크를 한다. 고객의 요구사항을 파악하고 호텔 전체에 관련된 행사 사항도 철저히 살펴보아야 한다.

② 응 대

고객이 영업장으로 접근할 때의 태도이며 인사, 환영의 표현이다. 단골고객의 경우 이름을 호칭하며 친밀한 응대greeting는 영업장 운영의 핵심이다.

③ 안 내

고객의 동반사항을 파악하여 좌석으로 안내한다. 동반한 고객의 수를 고려하여 안내 시 고객과의 동선을 살핀다.

④ 메뉴 주문(order taking)

착석하고 잠시 후에 캡틴 위주로 고객에게 다가가 주문을 받는데, 여기에는 추천 메뉴, 특선 등 판매기술sale skill을 활용하여야 한다.

⑤ 식사제공(serving)

고객이 주문한 메뉴를 주방에서 받아서 제공한다. 서빙 시 고객마다 정확하게 제공하고 메뉴 설명을 곁들이며 고객의 지위에 따라 순서대로 한다.

⑥ 관심유지

고객이 식사를 즐기는 동안 계속적으로 관심을 가지고 주시한다. 식사 중 요구사항이나 필요한 서비스에 대한 추가적인 내용을 다룬다.

⑦ 환송 및 불만처리

모든 식사를 마치고 레스토랑을 떠나는 과정이고 식사에 대한 적절한 의견과 평가를 물으며 인사를 한다. 고객의 불만이 있을 경우 바로 처리한다.

⑧ 테이블 정리(busing)

식사 중 사전 테이블 정리보다는 식사에 불편을 드리지 않는 식사 후 정리를 기본으로 한다. 대개 접객원 중 bus boy라 하여 역할이 주어지나 요즈음은 레스토랑의 상황에 맞게 운영한다.

음료는 이익률이 높아 바텐더의 역할이 중요하고 요즘 추세는 와인 바와 같은 고급스럽고 테마가 있는 전략이 요구된다. 주장관리의 업무는 beverage의 지식이 요구되는데, 음료 외에 와인, 위스키, 칵테일 등 각종 주류 종류의 전문지식이 필요하다. 바에서 고객과 대화에 있어 능숙한 솜씨가 있어야 하고 음식과는 달리 bottle로 재고관리가 이루어진다. 때에 따라 연회장에 행사가 있을 경우 테이블 바를 설치하여 서비스한다. 대규모 컨벤션 행사의 만찬 프로그램과 경우에 투입된다.

매출 대비 수익률이 높아 철저한 고객관리가 필요하고 사입되는 업체의 꾸준한 관리가 요구된다. 다른 호텔과는 차별화된 주류의 선택과 가격의 비딩bidding으로 원가절감에 기여해야 한다. 단골고객의 keep box 관리를 통해 고객과 대화의 재료로 사용할 수 있고 전망과 경치가 좋은 좌석은 항상 예약을 유도하여 운영의 묘를 살려야 한다.

식당보다 늦게 마감되기 때문에 접객원의 동기부여와 전문직업인으로서의 자부심 고양이 있어야 한다. 주로 음악 연주나 소규모 공연이 함께 실시되므로 고객에 대한 이벤트 설명의 준비가 되어 있어야 한다. 간단한 요리 메뉴나 핑거 푸드finger food가 제공되나 주장에 있어서는 음악공연과 같은 감미로운 선율과 고급스런 인테리어 이미지 그리고 세련된 접객원의 서비스가 결정적 성공의 요인이라 하겠다. 서비스 요원들의 유니폼도 주장 바에서는 특히 최신적이고 우아하다.

연회부서의 업무는 특1급호텔의 경우 별도의 팀을 이루어 운영한다. banquet이라고도 하고 가족모임, 기업체 행사가 주를 이루고 현대에 들어서는 결혼식과 국제회의와 같은 컨벤션 행사가 빈번히 열리고 있다. 연회부서는 크게 연회예약과 연회서비스로 구분된다. 예약은 호텔의 로비에 주로 고정된 예약실을 가지고 고객들에게 연회상품을 판매한다. 가족모임보다 기업체 행사와 같은 규모가 큰 행사의 예약은 호텔판촉팀의 전문 세일즈맨들이 담당한다. 이때 세일즈와 예약의 코디네이션이 연회행사의 성공을 좌우한다. 연회서비스는 실제로 연회장에서 행사를 위해 움직이는 접객원들을 말한다. 행사의 일정에 따라 근무시간이 탄력적으로 조장되고 행사의 종류, 특성, 규모에 따라 탄력적인 스케줄이 만들어진다.

연회팀은 조리부서와 아주 밀접한 관련을 갖는다. 연회라는 것이 연회장에 주로 음식을 세팅하는 기본적인 업무를 바탕으로 하기 때문이다. 물론 세미나와 같이 미팅 위주의 행사도 있지만 대개는 연회행사는 음식을 수반하는 형태를 띤다. 레스토랑의 예약과는 달리 고객들의 계약사항에는 다소 다양한 내용이 있는데 할인, 인원, 메뉴의 특성 등 세부사항이 준비되어야 한다. 연회와 식당업무의 차이점이 여기에 있는 것이다. 연회행사의 전문담당자를 이벤트 코디네이터event coordinator라고 하고 호텔 업무에서 가장 선호되는 직업으로 손꼽히기도 한다. 하나의 연회행사 전체를 책임지는 이벤트에서 연출자와 같은 역할을 한다.

스튜어드steward는 기물관리를 말하며 규모가 큰 호텔에서는 중요한 역할을 한다. 음식을 담고 고객에게 서비스하는 기물들은 고가(高價)의 실버silver, 차이나웨어chinaware류의 그릇으로 세심한 관리를 요한다. 재고관리와 관계되고 호텔 회계 상 자산으로 처리되는 항목이다. 연회행사의 정해진 시간에 정확히 현장에 세팅이 되어져야 조리음식이 올라올 수 있고 행사 종료 시 신속한 마무리가 수행되어야 한다.

조리부서cooking는 호텔에서 음식을 만드는 곳으로 제조업체로 비교해보면 공장의 생산과도 같은 전초기지이다. 조리사무실에서 모든 정보가 집적되고 크게 각 식당의 주방kitchen과 메인지역의 주방으로 구분할 수 있다. 그리고 연회장에 별도로 마련되어 있는 공간이 있는데 주방과는 다른 팬트리pantry라고 한다. 레스토랑마다 딸려 있는 주방 외에도 호텔에서는 메인 주방main kitchen이라는 지역이 있는데, 요즘과 같이 주방이 오픈되고 개방되는 시대에도 일반인들은 볼 수 없는 곳이기도 하다. 호텔관광 관련 전공 학생들은 반드시 이곳을 견학하고 공부해야 호텔을 전체적으로 이해하는 것이지 영업장의 서비스 모습만 보아서는 반쪽만을 이해하는 것이라 말할 수 있다.

메인 주방은 중앙공급의 역할을 하는 곳으로 레스토랑의 주방과는 다른 업무를 한다. 호텔 전체의 공통적인 부분들을 구분하여 메인 핫hot, 메인 콜cold, 부처butcher, 베이커리bakery로 기능을 한다. 메인 핫은 수프soup, 소스sauce, 스탁stock(소스나 양식에 사용되는 국물)을 만들어 레스토랑에 제공하는 부서이다.

콜 키친은 말 그대로 차가운 음식을 만들어내는 곳으로서 각종 애피타이저appetizer와 샐러드salad, 치즈cheese 등을 다루는 곳이다. 베이커리는 빵, 케이크, 쿠키, 초콜릿, 과일 등 디저트dessert를 담당하는 업장이다. 부처는 육류, 가금류, 어패류 등을 용도에 맞게 1차로 trimming, cutting해서 각 영업장에 공급한다. 송아지고기, 양고기, 사슴고기 등 생소한 고기를 많이 사용하고 연어, 송어, 농어, 광어 등 많은 종류의 어류를 취급한다. 부처 담당자는 대부분 양식을 전공으로 하는 사람들로 구성된다. 훈제, 각종 소시지, 햄 등 육가공품을 생산하기도 한다. cost 관리가 다른 부서의 업무보다 더욱 중요하다. 메인 주방의 시스템은 특1급호텔의 경우 명확하게 세분화되어 있으나 호텔의 규모나 상황에 맞게 각기 다르게 구성될 수 있다.

헬스업무는 헬스뿐만이 아니라 호텔의 성격에 맞게 다양한 부대시설을 갖추게 된다. 헬스클럽fitness club은 receptionist, 안내원attendant 등의 서비스로 사우나 고객 안내, 업장청결 유지, 수영장, 헬스장의 관리 및 운영을 한다. 일반적으로 회원권을 분양하기도 하고 호텔 고객house guest이 사용할 수 있다.

예능부서는 크게 두 가지 형태로 나눌 수 있다. 별도의 극장식당과 같은 부대시설을 가진 호텔과 마케팅부서에서 예능 관련 기획을 하는 경우이다. 부대시설을 가지고 있는 호텔로는 쉐라톤워커힐, 롯데부산을 들 수 있는데 제작파트와 공연파트로 구성된다. 독자적으로 쇼 프로그램을 기획하고 제작하여 무대에 올리는 연출과정을 진행한다. 차별적인 해외광고의 제작으로 프로그램을 알리고 여행사와 계약을 체결하여 마케팅을 전개한다. 공연 출연자를 섭외하는 것에서부터 안무와 시스템 스텝의 협조에 이르기까지 전문성이 요구된다. 자체 제작을 원칙으로 하나 외주를 주기도 하고 일부 아웃소싱outsourcing을 맡기기도 한다.

세일즈마케팅sale & marketing은 호텔기업에서 특수한 부서이다. 마케팅의 기능 중에서 우선 인적판매에 해당하는 전문 세일즈맨들을 보유한다. 객실판촉, 연회판촉을 주로 담당하고 개인별로 거래처account가 정해져서 활동을 한다.

가족행사를 제외한 기업체, 정부, 공사, 협회, 단체 등으로 구분하여 구체적으로 매출실적까지 할당하여 공격적 마케팅을 추구한다. 호텔지식이 풍부하고 예약, 객실, 조리부서와 각별히 연락을 하며 협조를 해야 한다.

호텔에서 마케팅부서는 주로 홍보활동을 담당하는데 이미지를 업그레이드up-grade하고 지속적인 고객관리를 목적으로 한다. 일관된 연간 마케팅 계획을 수립하여 전사가 공유하고 수시로 각 부서와 효율적인 조율을 한다. 고객 데이터베이스 정보에 기초해 마케팅을 추진하고 국내외 마케팅 정보의 수집은 물론 멤버십이나 제휴카드와 같은 업무를 담당한다. 광고업무, 언론사관리, 공중관리 등을 포함하고 호텔이벤트 기획을 세워 정기적인 행사를 실시한다. 콘서트, 디너쇼, 공연을 기획과고 각 영업장의 단위 기획, 즉 식음료기획의 업무로 진행하기도 한다. 세일즈 부서와 마케팅 부서는 구분되어 운영된다.

호텔의 영업을 지원하는 사무관리back office 부서는 총무, 기획, 인사, 교육, 재무, 전산, 구매, 시설, 안전 등의 부서가 있다. 이 중에서 다른 기업과 유사한 업무를 하지만 몇 가지 부서는 독특한 업무를 수행하는 부서가 있다. 먼저, 영업회계 업무이다. 영업회계는 호텔재무부서, 즉 일반회계, 영업회계, 자금, 원가관리, 관재, 여신업무 증의 하나로 호텔의 영업상 발생한 매출을 다루는 기능을 한다. 호텔은 객실과 각 영업장에서 매출을 일으키는데 캐셔가 그 업무의 마감을 담당하고 프론트 데스크의 시스템에 연결된 1일 자동마감에 나이트오디터night auditor의 역할이 필요하다. 나이트오디터는 호텔영업 자료를 수집하고 객실 점유율을 계산한다. 또한 캐셔가 현장에서 외상으로 처리한 빌bill을 회계의 외상계정city ledger으로 처리하는 점검과 익일 사무실로 이관하는 업무이다.

교육훈련은 관리부서 업무 중에서 가장 중요하다고 할 수 있을 만큼 호텔기업에서 비중 있게 다루어진다. 단순히 인력의 채용과 퇴직이 아닌 성장시는 과정에 주목하는 것으로 호텔서비스라는 특수한 상품의 지식과 실제로 고객에게 보여지는 체험적인 실전이기 때문이다. 서비스는 고객의 접점moment of true에서 이루어지는 순간의 진실이므로 교육과 훈련의 중요성은 크다 하겠다. 해외 벤치마킹benchmarking 사례나 실제 해외 연수와 같은 직원들을 위한 교육투자를 기획한다고 할 수 있다.

원가관리 부서는 구매부서와 밀접한 관련을 가지고 있는데 특1급호텔에서는 구매부와 원가심사부가 구분되어 있다. 구매부서는 크게 식재료 및 자원의 구매, 검수, 저장, 불출이라는 과정을 처리하는 부서이다. 호텔기업은 식자재를 다루는 비중이 크므로 구매부의 역할이 대단히 중요하다. 잘못된 식자재의 구입과 관리는 비용과 직결되고 호텔의 수익에 영향을 미친다. 그리고 직원들의 도덕적 해이가 올 수 있는 거래처와의 금전관계가 빈번한 부서이므로 시스템적으로 구축된 주의가 요구된다. 호텔자원 중에서 특히 식자재는 데일리daily, 단기저장, 장기저장, 바틀bottle, 공산품 등으로 분류되어 검수 후 저장되고 각 메인 주방이나 각 영업장으로 불출되는 담당자들의 업무가 진행된다.

원가관리는 구매된 자재를 영업장에서 효율적으로 사용하고 있는지에 대한 심사, 재고관리에 대한 계산, 원가에 대한 계산서 작성이라는 업무를 진행한다. 영업장 주방에서 식자재를 정선할 때 수율에 따라 원가가 실제 많은 차이를 보이는데 각별히 주의를 기울여야 한다. 원가관리 부서는 갑자기 주방을 조사 심사하는 기능을 가지고 있는 것이 특징인데 근래에 와서는 재고관리시스템의 구축에 따라 그 기능이 축소되고 있다. 원가관리에서 가장 중요한 것은 정확한 원가계산을 위한 재고관리이다. 시스템에 자동적으로 계산된 원가와 실제 재고조사를 통한 원가계산과는 차이를 보이고 호텔은 이의 차이를 줄이고 정확한 계산이 나오도록 최선을 다하고 있다. 그러나 식자재를 다루고 수율이 문제가 되는 점은 전산화라는 기계화 시대에도 어려움을 낳고 있고 호텔의 원가관리 담당자들은 연석회의를 통해 주기적으로 함께 모여 의논하는 자리를 마련하고 있다. 재고 아이템에서 슬로우 항목slow item이 있는데, 업장에서 계획된 것만큼 소모가 안 되어 저장되어 있는 재고로 신속한 처리를 요한다. 원가관리의 재고분석을 정기적으로 실시하여 이런 아이템을 호텔이벤트나 식음료기획과 연결하여 파티행사 등을 통해 효율적 관리를 한다.

외부사업 부서는 호텔의 상품이나 브랜드를 외부에 사업화 하는 것을 말한다. 식음료 영업장을 외부에 개설하거나 브랜드를 활용한 프랜차이즈사업이 여기에 속한다. 골프장의 클럽하우스 운영도 호텔에서 많이 진출하고 있고 새로운 시장과 고객을 찾아 적극적인 호텔마케팅을 전개하는 부서업무이다.

05 호텔의 이벤트 업무

호텔이벤트는 호텔이 주체가 되어 매출증진이나 이미지 향상을 위해 호텔고객을 대상으로 실시되는 기획행사이다. 호텔이벤트의 내용에는 고객에게 즐거움을 주는 엔터테인먼트 요소를 커뮤니케이션하여 호텔기업의 가치를 향상시키는 목표가 있다. 현대시대에 와서는 호텔이벤트가 문화예술 컨텐츠로 확대되고 있다. 호텔이벤트의 핵심 요소는 결국 다음 3가지로 요약된다.

① 호텔이 주체가 된다.
② 엔터테인먼트의 기획과 연출이다.
③ 문화컨텐츠 영역으로 확대이다.

호텔이벤트에서 호텔이 주체가 된다는 의미는 무엇인가? 호텔이 이벤트에서 주체적인 기여도를 가지고 있다면 그것이 호텔의 주체라고 말할 수 있다.

예를 들면, 호텔마케팅 부서에서 공연기획을 한다든가, 외부의 이벤트기획사가 호텔에서 행사를 할 때 호텔이벤트 관련 부서가 코퍼레이션corporation을 하는 것, 가족모임과 같은 연회장에서의 행사에서 이벤트 코디네이터의 진행과 같은 것이다.

호텔이벤트를 계획하고 진행하는 호텔 주체는 어느 부서인가? 호텔기업에서 전체적으로 호텔이벤트의 기능을 주체적으로 만들어가는 곳은 어디인가? 호텔이벤트의 구체적인 종류에 앞서 호텔이벤트의 주체에 대한 거시적인 설명은 호텔에서 이벤트의 시작, 준비, 실시라는 전 과정을 이해하는데 도움을 준다.

호텔이벤트의 주체는 크게 2가지로 구분할 수 있다. 호텔 전담부서에서 이벤트를 기획 및 운영하는 것과 호텔의 각 영업장 별로 이벤트를 개최하는 것이다. 호텔 전담부서는 마케팅과 같은 부서에 이벤트 코디네이터라는 전문가가 배치되어 자체제작, 외부기획사 관리를 하고 각 영업장별로는 지배인 중심으로 계획을 입안하고 실시하게 된다. 전담부서와 영업장은 항상 협조와 공동의 논의 구조를 가지게 된다.

호텔기업의 특성상 새로운 이벤트의 기획을 입안할 때 마케팅은 영업장과 조리부서와 연석회의를 통해 깊이 있는 회의를 진행하여야 한다. 외국 고객을 타깃으로 호텔 내에 전망 좋은 야외를 가진 연회장에 결혼식을 패키지로 이벤트화 했다고 하자. 다음과 같은 과정을 통해 이벤트 전담부서는 호텔이벤트 주체로서 역할을 수행할 것이다.

① in-bound 해외 결혼식 분석 및 벤치마킹
② 고객 데이터베이스 정리
③ 상품구성 : 야외장소, 세트 장식, 프로그램, 메뉴 엔지니어링, 숙박, 외부체험 이벤트 등
④ 식음료, 연회, 조리 등의 부서와 코디네이션 미팅
⑤ 세부 추진일정 및 인력 배치

표 2•6 호텔이벤트의 주체

구 분	부 서	내 용	비 고
전담부서	이벤트 팀	· 자체기획 팀 보유 · 콘서트, 디너쇼 등 제작	전공자
	기획지원	· 식음료 기획과 같이 업장 지원 · 업장 프로모션 관련	경력자
	기획사관리	· 외부 이벤트기획사 관리 · 행사장, 호텔 시스템 및 스텝 운영	계약위주
	케이터링	· 컨벤션센터 내에 별도의 케이터링 팀 상주 · 식음료 공급, 결혼식 위주 운영, 이벤트 기획	센터활용
영업장	식음료	· 메뉴 관련 이벤트 · 음료 및 주류 프로모션	조리중심
	연회장	· 연회 코디네이터 중심 · 호텔 음향, 조명, 시설 인력 투입	협력업체
	부대시설	· 극장식당 무대감독 인력 배치 · 출연진 관리 및 연출	문화예술

호텔이벤트 전담부서의 인력은 이벤트, 공연 관련 전공자를 채용하게 되고 호텔마다 1~2명의 메인 인력이 활동한다. 다소 호텔경력과는 무관해도 전공이 바탕이 되어야 하는 것은 이벤트가 가지고 있는 전문성이 우선이고, 다음으로 호텔이라는 장소에 이벤트를 진행하는 책임자이기 때문이다. 전문 인력의 핵심 업무는 콘서트와 같은 공연의 기획이다. 일반적인 콘서트 기획에서는 장소를 선정하는 것에서 시작하지만 호텔이벤트에서 콘서트는 호텔 연회장에서 이루어진다는 차이점이 있다. 특1급호텔은 그랜드볼륨으로 대형 연회장을 가지고 있고 크기는 대개 800명 정도를 수용하고, 최근에 와서는 컨벤션센터를 보유하는 호텔이 증가하고 있어 1,000명 이상의 관객 유치가 가능하다.

서울 코엑스 컨벤션센터와 같이 시설임대업을 주로 하는 곳은 호텔이 입찰을 통해 독점적인 케이터링catering 사업권을 가지게 되는데, 이때 호텔은 여기서도 다양한 행사와 이벤트를 전개한다. 센터의 행사장소를 활용하고 호텔의 식음료 자원을 활용한 전략인 것이다. 호텔의 전담팀은 컨벤션센터에 상주하는 사무실에 근무하고 독자적인 서비스인력, 조리인력을 가진다.

콘서트와 같은 기획에서 가장 중요한 것은 가수 및 공연자의 섭외와 흥행성이지만 실제로는 공연을 관람할 고객에게 티켓을 판매하는 일이다. 이익을 내지 못하는 공연기획으로 지속적으로 실시되지 못하는 호텔이벤트가 많기 때문이다. 호텔이벤트의 성격상 협찬이나 후원이 힘들기 때문에 호텔에 보유되어 있는 고객 데이터베이스 마케팅에 1차적으로 바탕을 둔 티켓판매 기술이 성공의 열쇠인 것이다.

호텔이벤트에서 마케팅 부서는 종종 식음료 영업장과 함께 기획을 추진하는데, 마케팅은 콘셉트와 전체적인 흐름에 주안점을 두고 업장은 세부적인 준비사항에 기여를 한다. 호텔 영업장은 밖으로 찾아가는 세일즈의 형태가 아닌 찾아오는 고객들에 대한 서비스를 중심으로 하기 때문에 이벤트의 형태가 메뉴 관련된 프로모션이 되는 경우가 많다. 그러나 마케팅 부서에서는 전사적인 그리고 호텔 외부의 시장 상황에 대한 정보를 가지고 있기 때문에 쉽게 호텔이벤트의 기회를 아이디어로 만들어 낼 수 있다.

쉐라톤워커힐호텔의 매년 정기적으로 열리는 '꽃동산 축제'는 호텔식음료 기획의 좋은 사례가 될 수 있다. 아차산에 위치한 워커힐호텔의 전망을 이용하여 봄이 되면 호텔 내부가 아인 경치 좋은 호텔 부지에 음식을 즐길 수 있게 파라솔과 의자를 준비하여 고객을 유인하는 이벤트이다. 시내 호텔에서는 상상도 못하는 기획이며, 앉아서 맛있는 파전과 동동주를 특1급호텔에서 한강을 바라보며 즐긴다는 것은 매력적인 것이다. 이러한 콘셉트가 입안되면 조리부서에서 메뉴를 짜고 음료부서에서 특선 주류를 준비하며 연회서비스에서는 인력을 구성하여 투입된다. 입소문을 타고 봄이 되면 고객들이 모이는 정기적인 호텔이벤트 포지셔닝positioning이 된 것이다.

호텔이벤트에서 전담부서는 외부의 이벤트 기획사로부터 대관업무에서 호텔 내의 무대, 음향, 조명 등 시스템 운영 전반을 협의하고 진행한다. 물론 외부기획사가 전체적으로 시스템을 반입하고 연출하는 경우가 많지만 그럼에도 불구하고 호텔 내부에서 이루어지는 이벤트는 호텔이벤트 전담부서의 주체적인 기여가 없으면 성공은 불투명하다. 호텔은 다양하고 복잡한 부서와의 종합 협조가 생명인 만큼 호텔이벤트 코디네이터는 외부기획사에 주체적인 파트너라고 볼 수 있다.

이와 같이 호텔이벤트 전담부서의 업무와는 달리 호텔기업에서 식음료, 연회장, 극장식당과 같이 자체적으로 이벤트를 진행하는 기능이 있다. 호텔식음료 영업장은 크게 레스토랑과 바bar로 구분되는데, 주로 조리 메뉴를 중심으로 신 메뉴 출시와 와인과 같은 특별 프로모션 이벤트를 실시한다.

특1급호텔 주방장 추천 몽골리안 바비큐 축제를 예를 들어 보자. 호텔에서는 특정 계절이나 시간을 정하여 메뉴를 선정한다. 이때 메뉴 구성은 그 시기의 화두가 되는 건강이나 보양 그리고 특별한 것을 선택한다. 몽골리안 바비큐 메뉴는 고객 스스로가 담아 온 야채, 고기, 해물류를 직접 철판에 요리해 주는 것을 의미한다. 호텔 영업장은 고객이 신선한 재료를 직접 골라 보는 앞에서 서비스해 주는 것에 흥미를 느끼는 점에 착안하여 이벤트를 구상한 것이다. 식료재료들 앞에 부착된 제목과 설명을 조리사들과 이야기해 가며 메뉴 지식과 서로 친분을 쌓고 밀착서비스를 할 수 있는 장점이 있다.

호텔이벤트에서 전담부서 외에 가장 이벤트와 밀접하고 주체적으로 활동하는 팀이 연회 부서라고 할 수 있다. 연회팀은 연회의 기능 자체가 호텔에서 발생하는 이벤트 모두를 참여하고 관여해야 하는 특징을 가진다. 호텔이벤트를 이해하는데 있어 호텔연회를 이해하는 것은 최우선적으로 고려되어야 한다. 호텔의 모든 기능이 연회에 연결되어 있고 특히 이벤트는 연회장에서 이루어지고 호텔의 전체적인 지원이 종합되는 업무적 특성이 있기 때문이다. 호텔에서 가장 활발하고 고객의 요구를 창조적으로 표현해 내는 부서라고 할 수 있다. 객실은 투숙객에 대한 편의가 중점이고 레스토랑은 찾아오는 손님에 대한 서비스 제공이라면 연회는 고객과의 상담을 통해 비어 있는 연회장에 손님의 원하는 바를 채워주는 이벤트 연출이기 때문이다. 쉽게 말해서, 식당은 손님을 받기 위해 차려져 있다면, 연회는 손님을 위해 새로 만들어 나가는 것이다. 무(無)에서 유(有)를 창조하는 가치를 증대시키는 즐거움이라고 할 수 있다. 〈표 2-7〉은 연회팀의 조직구성에 대한 설명을 보여준다.

표 2•7 호텔의 연회조직

구 분	조 직	내 용	비 고
직접적	연회사무실	· 연회이벤트의 총괄 본부 · 팀장, 각 담당별 코디네이터 지정 · 이벤트 오더 작성 및 배포 · 협력업체 관리	coordination
	연회예약	· 주로 호텔 로비에 위치 · walk in guest 상담 · 가족행사 위주의 예약 진행	계약금관리
	연회서비스	· 방켓(banquet)이라고도 하고 연회장 서비스 실무 · 이벤트 오더를 바탕으로 조별 투입 인력 편성 · 메뉴별 테이블 세팅 숙지	인력관리
간접적	연회시스템	· 연회장 행사시 음향, 조명, 영상 관련 지원 · 무선 마이크, 파 라이트, 빔 프로젝터 설치 · 행사지시서 체크	consol
	연회판매	· 가족행사 외의 연회행사 sales · 고객과의 상담내역을 연회팀에 송부 · 세일즈맨은 이벤트 코디네이터와 공동으로 행사관리	booking order slip
	조 리	· 레스토랑과는 별도로 연회메뉴 준비 · 이벤트 오더상의 인원, 가격, 특이사항 등 체크 · 대규모 행사시 사전 구매발주 철저	메뉴구성
	시 설	· 무대 백드롭 설치 · 내, 외부 행사 현판 제작 · 행사 관련 시설물 일체 준비	디자인

연회부서는 연회예약과 연회서비스로 구성되는데, 연회서무실에서 총괄적 업무를 담당한다. 연회업무의 핵심은 이벤트 오더를 작성하여 호텔 전 부서에 전달한다. 컴퓨터로 송신하지만 행사의 설명을 위해서는 전화나 방문을 통해 반드시 세부사항을 전달하고 필요하면 사인까지 받아야 한다. 연회행사는 호텔 전체 부서에 관련이 된다고 보면 된다. 호텔에서 행사가 있으면 VIP 관리 등 객실의 현관에서부터 체크할 사항이 너무도 많다. 또한 연회에 관련된 다양한 협력업체 관리가 중요한데, 행사에는 전문MC부터 돌잔치의 상차림, 사진 그리고 음악 공연 등 외부로부터의 계약을 통한 수시로 발주가 나갈 수 있는 시스템을 구축해야 한다.

이벤트 코디네이터는 호텔의 꽃이라고 해고 과언이 아니다. 고객과의 상담, 계약, 준비, 진행에 이르기까지 전 과정을 통제하는 이벤트PD와 같은 역할을 한다. 고객과의 직접적인 계약에 대한 가격할인, 혜택의 권한을 가지고 있으므로 상담이 계약으로 이어지는 것이 유능한 이벤트 코디네이터의 기준이다. 철저한 직업의식이 없으면 스스로 찾아오는 고객도 놓칠 수 있고 계약이 이루어져 행사가 진행되더라도 실수를 범할 수 있다. 항상 자신의 일처럼 꼼꼼히 행사를 챙겨야 하며 행사의 시간에 따라 움직이므로 다소 근무시간이 늦어질 수도 있는 것이다.

호텔 로비에는 연회예약실이 있는데, 결혼식의 경우 고객이 직접 방문하는 워크 인 게스트이다. 이때 진심으로 부모님께 대하듯 상담이 진행되어야 하고 일생에 한 번의 소중한 추억을 연출한다는 자부심을 가져야 한다. 이벤트 오더의 전달 후에도 행사 당일까지 고객과의 관계는 유지되어야 하고 변경사항이 있을 경우 바로 수정adjustment하여 관련 부서에 보내야 한다. 그리고 행사 전날 세팅을 브고 행사 당일 최종점검을 하며 행사의 시작과 끝을 함께 한다. 왜냐하면 행사란 살아있는 것이기 때문에 돌발적인 상황과 변경이 수시로 발생한다. 이벤트 코디네이터의 기본적인 대기stand by의 중요성이 여기에 있다.

〈표 2-8〉은 이벤트 코디네이터가 반드시 작성해야 하고 생명처럼 여겨야 할 이벤트 오더의 세부 내용을 보여준다.

표 2•8 이벤트 오더(event order)

구 분	내 용	비 고
개 요	· 행사명, 행사일, 연회장소, 인원, 계약자(회사명, 담당자), 작성번호 · 호텔 담당자(연회, 판매)	function
조 리	· 인원 expect / guarantee · 메뉴(양정식, 한식, 일식, 중식, 뷔페식, 도시락 등) · 할인사항, 음식의 양 · 특이사항(채식주의자 등 메뉴 수정 사항)	메뉴 추첨
음 료	· 소프트드링크(수량, 가격) · 주류(맥주, 양주, 칵테일 수량, 가격) · 지정 서비스 사항 · 코케이지 차지(반입료)	테이블
기 물	· 일반, 크리스탈, 차이나웨어 · 그릇류와 잔 등 세부사항	식음료 체크
세 팅	· 레이아웃 설정 · 라운드 테이블, 할로우 타입, 보드 타입 등 표기 · 헤드 테이블 · 테이블 좌석 수 결정 · 기타 요구사항 세팅	연회장 타입 레이아웃
외 주	· 호텔 협력업체 발주 · MC, 상차림, 밴드 등	현장 체크
반 입	· 고객 또는 외부기획사 반입 항목 · 무대 시스템, 가수 출연 등	사전 미팅
시스템	· 컨벤션 음향팀 운영(마이크, CD 소스 등) · 조명, 영상 체크(바튼 관리 등)	외주 체크
시 설	· 로비 리셉션 라인 · 무대 백드롭, 현판 제작 및 설치	제작 시안

작 성	· 로비 투데이스 이벤트(행사명 표기) · 네임텍, 플레이스 카드 등 제작	문구 관련
기 타	· VIP 사항	임원 보고

이벤트 오더는 연회행사의 지침서이다. 모든 부서가 이 한 장의 종이로 약속이나 한 것처럼 움직이게 된다. 이벤트 코디네이터는 이벤트 오더 작성에 앞서 컴퓨터 화면에서 미리 예약되어 있는 행사장 정리 상태를 확정해야 한다. 호텔에서는 행사장을 block했다고 하는데, 이것이 잘못되면 다른 행사를 받지 못하는 것뿐 아니라 이벤트 오더 작성에도 문제가 생긴다. 행사장 예약은 처음에는 잠정적tentative으로 잡았다가 확인 후 확정confirm으로 하고 이벤트 오더를 입력한다. 물론 겹치는 상황에서는 웨이팅waiting으로 하였다가 다시 확인하는 과정을 거친다.

이벤트 오더는 가족행사와 같은 경우 1~2장이면 해결이 되나 국제회의와 같은 대규모 행사는 수십 장에 이를 수 있다. 행사가 하루가 아닌 일주일 이상이면 회의, 식사 등 전체적인 개요와 날짜별 또는 행사별로 나름대로의 작성기술이 요구된다. 여기서 이벤트 코디네이터의 행사를 다른 기술을 엿볼 수 있다. 이벤트 코디네이터의 자격조건은 다음과 같다.

① 호텔지식이 풍부해야 한다.
② 고객에게 사교적이고 매력이 있어야 한다.
③ 원만한 대인관계가 있어야 한다. 특히 호텔 내부의 직원들과 호흡이 잘 맞아야 한다.
④ 꼼꼼한 성격이 요구된다.
⑤ 돌발 상황에 대처하는 능력이 필요하다.
⑥ 행사별 이익을 산출할 수 있는 재무능력이 필요하다.
⑦ 각종 서류를 작성하는 컴퓨터 활용기술이 있어야 한다.

⑧ 행사에 필요한 디자인 감각이 있어야 한다.

연회서비스는 연회에서 실전에 투입되는 병력과도 같다. 이벤트 코디네이터의 관리가 있기는 하지만, 대개는 연회서비스의 지배인은 오랜 호텔의 경험, 특히 레스토랑 실무가 많은 인력이 배치된다. 최근에 들어 연회 접객원은 대규모 행사시 아르바이트나 계약직 인력이 투입되는 것이 사실이나 이런 투입 인력을 이끌어가는 헤드는 역시 베테랑임을 잊어서는 안 된다.

연회서비스는 그저 이벤트 오더에만 의존할 수도 있다. 그러나 더욱 성공적이고 멋진 연회행사를 치루기 위해서는 연회서비스의 절대적인 협조가 필요하다. 연회서비스의 차별화된 현장의 노력이 고객에게 만족을 주는 가장 좋은 방법이다. 연회서비스는 이벤트 오더를 완전 숙지해야 한다. 그저 세팅하고 서빙serving한다는 생각은 금물이다. 이벤트 오더의 종이에 적힌 내용을 현장에서 살려내고 생명감 있게 표현해야 한다.

이벤트 오더에서 개요는 행사에 관한 일반적인 사항이다. 주의할 것은 연회예약에서가 아니라 판매팀에서 계약이 된 행사라면 세일즈 지배인이 누구인지, 그리고 행사의뢰자의 담당이 누구인지 정확하게 파악해야 한다. 돌발적인 상황에서 현장 지배인은 직접 담당자에게 문의를 하여 일을 처리할 경우가 있다. 호텔연회에서 예약실이 아닌 판매부서를 통하는 경우는 일반 기업체와 같은 행사를 세일즈 지배인들이 수주해 오는 것인데 과정은 다음과 같다.

① 세일즈 활동일지를 데일리daily로 작성한다.
② 고객과의 계약 시 booking oder slip를 작성하여 연회팀에 보낸다.
③ 연회팀의 이벤트 오더event order 작성 후 검토한다.
④ 고객과 행사 전까지 변동사항을 체크한다.
⑤ 연회서비스, 조리, 컨벤션 음향팀에 최종 확인한다.

조리부서의 메뉴사항은 이벤트 오더에서 제일 중요한 내용이다. 먼저 인원을 파악한다. 호텔에서는 예상인원과 보증인원이 있는데 통상 10%를 플러스해서 예상인원으로 하고 행사 당일 초과되는 인원에 대비하고 초과금액을 받을 수 있다. 물론 보증인원 이하의 경우 그 금액을 받는 것이 원칙이다. 그리고 연회메뉴는 레스토랑 메뉴와는 다르므로 메뉴의 종류를 정확이 알아야 한다. 보통 수백 명 이상 1,000~2,000명분 이상의 음식을 준비할 경우 미리 식자재 구매를 나가야 한다. 계약상 할인의 경우 원가관리 차원에서 메뉴 구성을 조절해야 하고 음식의 양에 대한 첨가사항을 체크한다. 특히, 채식주의자와 VIP 관리에 만전을 기한다. 호텔에서는 양식, 한식 등의 경우 소규모 인원에 대한 메뉴 제공을 하지만 뷔페의 경우 50명 이하일 경우 서비스하지 않는 것으로 한다. 원가관리 분석에서 그동안 입증된 결과를 따르는 것이고, 현재 특1급호텔의 연회가격은 일반적으로 최저 6만 원 이상이다. 그리고 여기에 부가가치세 10%, 봉사료 10%가 더해져 음식 가격에 21%의 부가된 가격을 더해야 한다.

음료의 경우 주류와 구분하여 테이블 당 올라가는 수량이 중요하다. 행사의 성격에 맞게 주류 구성을 하고 외주에서 반입되는 주류는 코케이지 차지라 하여 반입료를 받는다. 사전에 체크하여 미리 아이스 저장을 한다든가 잔을 세팅하는 준비가 필요하다. 식사 전 칵테일 리셉션을 가지는 경우 연회장에는 미리 테이블에 칵테일 관련 주류와 음료(기주와 모주)를 준비하여 고객의 취향에 맞게 현장에서 믹스한다. 일반적으로 양주의 12년을 기준으로 칵테일 베이스하고 그 이상은 프리미엄premium으로 가격을 올려 계산한다. 컨벤션의 경우 직접 외화를 지급할 수 있도록 외화 가격표를 외국어로 인쇄하여 부착한다. 기물은 호텔이 고급스러운 장소이므로 특별할 것은 없지만, 식사의 종류에 따라 크리스탈crystal glass 잔이 필요하기도 하고 실버류silver 또는 중국식에서는 자기류chinaware의 기물이 세팅되어야 한다. 행사가 아주 고급스러운 상황에서는 최신의 기물을 준비하라는 오더가 반드시 부서에 전달되어야 한다.

연회 세팅은 행사의 종류에 따라 결정된다. 회의인 경우 학교식schoolroom type이지만 연회는 식사를 제공함으로 주로 라운드round type이다. 테이블에 보통 10명씩 앉게 되고 헤드 테이블은 탑top을 씌워 넓게 해서 세팅하기도 한다. 실제로 레이아웃lay out을 그려서 첨부한다. 연회서비스는 이벤트 오더 중에서 레이아웃을 제일 신경 써서 보는데, 세팅이 잘못되면 행사당일 수정이 불가능하다. 그래서 연회서비스 지배인은 행사예약과 계약을 한 지배인과 미팅을 통해 레이아웃을 반드시 확정해야 하고 있을 수 있는 변경의 가능성까지 측정하여 세팅의 여지를 인식하고 있어야 한다. 라운드 타입 외에 할로우hollow type가 회의 겸 식사를 하는 조찬회 행사에 쓰이기도 하고 u-type은 약혼식이나 헤드가 있는 행사의 경우 주로 사용된다. 보드타입board of direct type은 직사각형 형태로 임원회의와 간단한 식사를 할 수 있고 테이블 모서리에 둥글게 오발oval 처리를 한다. 테이블에 크로스를 덮고 테이블 천을 세팅하여 분무기로 물을 뿌려가며 세심한 테이블 세팅에 주의를 기울여야 한다.

뷔페식buffet은 다른 식사와는 달리 고객이 직접 음식을 가져다 즐기는 형태이기 때문에 음식 다위(전용 테이블) 세팅이 별도로 필요하다. 연회장 공간의 크기를 고려하여 인원수를 산정할 때도 중요한 고려 요소이고, 행사의 규모에 따라 1개 다위(200명 전후)에서 3~4개의 다위 세팅이 필요하기도 한다. 또한 메뉴가 고급화 되어 소바(일본식 메밀국수)라든가 추가적인 세팅과 칵테일과 같은 여유의 공간이 확보되어야 하는 상황들의 체크가 연회서비스를 통해 거꾸로 예약부서에 크로스 체크cross check되어야 한다. 음식은 미리 세팅되지만 행사 특성을 고려하여 음식 오픈시간을 정하고 남은 음식을 절대 반출이 허용되지 않는다.

이벤트 오더에는 외부 협력업체에 관한 기록이 나타나야 한다. 외부기획사가 반입하는 경우도 있지만 그것은 규모가 클 때이고 대개 규모가 작고 빈번히 발생하는 발주 내용에 대해서는 호텔과 직접 1년을 주기로 계약을 하는 협력업체가 있다. 계약된 금액 10% 정도를 수수료로 호텔에 입금하고 발주과정은 전화나 팩스를 사용한다. 한 아이템 당 3개 회사 정도를 경쟁시켜 순서대로 발주한다.

표 2·9 연회팀 협력업체

구 분	내 용	비 고
MC	· 행사를 진행하는 이벤트 전문 MC · 일반 MC, 게그 MC, 영어 MC 등으로 전문화	profile
상차림	· 돌잔치, 회갑연에 세팅되는 음식과 장식 · 가격에 따라 차별적 구성	
현 악	· 보통 현악 3중주로 구성 · 피아노 포함사항인지 체크	퓨전국악
사 진	· 결혼식 야외 촬영 등과 같은 업무 포함 · 행사 전문 촬영 및 사진(ENG 카메라, photo)	스튜디오
국악인	· 회갑연 등의 운영 · 전통가요 공연, 보통 2~3인이 한 조로 활동	
꽃장식	· 행사장 장식 일체 · 테이블 수반 꽃, 입구 아치 등	차체운영
장 식	· 무대 장식 보다 소규모 장식 · 풍선 장식이나 기념 데코레이션(decoration)	파티플랜
밴 드	· 노래방 기기와 같은 1~3인조 밴드 · 반주기 외에도 색소폰 등의 간이 공연 믹스	
무 대	· 장식이 아닌 백드롭, 우드락 스커시, 디자인 재질 제작 · 무대 전문 회사 발주(3D 디자인 절대)	외주기획사 중복가능
시스템	· 호텔 컨벤션 음향팀의 출력이 모자를 경우 · 마이크, 스피커, 콘솔 일체	
가 수	· 유명 연예인 출연 · 사전에 곡목, 행사배경 설명(멘트 유의)	
공 연	· 타악 퍼포먼스와 같은 유행하는 공연물 · 무대 공간을 위주로 리허설 필수	
POP / 인쇄	· 유도 사인판류의 실사 출력 제작물 · 포스터 프로그램과 같은 고급 인쇄물	

협력업체 발주 시 고려해야 하는 사항으로 서비스의 질관리quality control가 있다. 고객이 보기에는 현장에서 움직이는 모든 사람은 호텔맨으로 보는 것이므로 항상 외부 인력에 대해서는 서비스의 수준을 낮추지 않도록 교육의 필요성이 반드시 있어야 한다. 평소에 협력업체 관리가 되어야 하고, 호텔의 모든 상품을 체험할 수 있도록 기회를 주는 것도 좋은 방법이다. 현대와 같은 아웃소싱과 협력을 필요로 하는 시대에 서로 상생하고 협력하는 관계 마케팅은 매우 중요하다.

호텔에서 자체적으로 보유하지 못한 것들을 외부에서 조달하는데 규모가 일정 정도 큰 내용들은 아예 외부기획사가 반입하거나 협력업체에게 의뢰할 수 있다. 업무의 중복이 있을 수 있으나 호텔연회상품 판매시점에서 고객과 상담이 이루어진 결과에 따라야 한다.

유명 가수의 출연이나 세계적으로 인지도 있는 공연들이 무대에 올려질 수가 있다. 공연과 어울리는 무대시스템, 음향, 조명, 영상, 특수효과가 뒷받침되어야 한다. 가수가 노래할 곡목과 CD가 사전에 전달되어야 순조로운 행사의 진행과 연출이 가능하다. 필요한 조명 설치가 있다면 미리 연회장 천장에 매달려 있는 바튼barton을 내려 파 라이트par light 등을 하나하나 무대 출연자 동선에 따라 메모리 해야 한다. 그리고 무대 바닥에는 마킹marking을 하여 동선의 흐름을 정확히 해야 한다.

이벤트 오더에서 빠질 수 없는 것이 문서작성에 관한 것이다. 행사의 명칭을 호텔 로비에 게시하는 것 외에도 행사장의 안내, 네임텍name tag, 플레이스 카드table place card 등 많은 업무들이 있다. 국제회의와 같은 복잡한 행사에서는 문서작성이 바로 의전과 연결되는 대목이기 때문에 더욱 주의를 요한다. 중요 인사들의 인지와 해당 이름이나 직책, 소속이 틀리고 재빨리 전달되지 않으면 국제행사는 실패할 수 있다.

호텔 연회는 일반적으로 본 행사 전에 칵테일 리셉션cocktail reception이 열리는데, 장소는 로비지역이 되며 코사지corsage와 같은 준비물을 체크해야 한다.

VIP 관리는 호텔 객실부의 컨시어지 데스크concierge desk와 협조 하에 도우미를 배치하여 차량 수배와 의전에 철저해야 한다.

06 호텔이벤트 외부기획사

호텔이벤트에 관련되는 외부기획사는 크게 이벤트회사와 국제회의기획업체PCO : professional congress organization로 구분되는데 실무상 이벤트, 공연, 컨벤션을 함께 수행하는 회사가 늘고 있다. 그러나 호텔의 행사장, 음식, 숙박을 필요에 따라 기획사들은 선정을 하고 전문적인 이벤트에 있어서는 이벤트, 프로모션, 공연, PCO, 클래식 등과 같이 세분화 할 수 있다.

일반적인 이벤트 기획사는 콘서트, 디너쇼를 기획하여 호텔 연회장을 대관하고 고객들에게 홍보활동을 통해 판매 매출전략을 세운다. 자동차, 패션쇼, 신제품 출시와 같은 프로모션 성격의 행사는 전문 전시업체에 의해 기획되는데, 호텔에서도 가장 세련되고 고급스런 장소의 선택이 중요하다.

패션쇼의 경우 하얏트호텔이 선호되고 자동차 전시의 경우 수입차의 전시가 주를 이루는데, 쉐라톤워커힐의 애스턴하우스 장소가 한강을 바라보는 잔디를 가지고 있어 선호된다. 아예 장기간 예약을 미리 하기도 한다. 신제품 출시는 신라호텔의 연회장이 추천되고 이벤트 후 장소를 옮겨 파티를 즐기는 부대 야외 연회장소가 있는 장점이 있다.

〈표 2-10〉은 호텔이벤트 외부기획사에 대한 세부적인 설명이다.

표 2•10 호텔이벤트 외부기획사

종 류	내 용	비 고
이벤트	· 호텔 연회장에서 독자적으로 이벤트 진행 · 콘서트, 디너쇼 등을 제작하여 티켓 판매 활동	기획사
프로모션	· 패션쇼, 자동차 쇼, 신제품 전시와 같은 행사 · 일주일 이상 행사기간이 정해지기도 함	홍보성
공 연	· 매직 쇼, 뮤지컬 등 제작된 상품을 공연 · 무대작품 위주로 구성	예술성
PCO	· 국제회의 기획업체로 호텔에서 회의, 식사, 이벤트, 숙박 등 일체 · 컨벤션 프로그램 중 사교행사, 문화행사, 만찬과 관계	social program
클래식	· 현악, 성악, 오케스트라 등의 음악회 호텔에서 진행 · 음향시스템 위주 체크	이미지
연예기획	· 업장 음악 밴드 공급 · 주로 외국인 밴드, 연주, 노래 출연	라운지
대 행	· 호텔에서 진행되는 기업체 행사 대행 · 기획, 연출	외부반입
진 행	· 행사의 부분적인 진행, 사회자 섭외 중심 · 시스템 일부 반입	MC 위주

최근 들어, 매직쇼, 오페라, 뮤지컬과 같은 하나의 작품을 제작 완료하여 보유하고 있어서 언제든지 중장기 공연을 하는 모습을 볼 수 있다. 특히 가을, 겨울의 특정 시즌에 맞추어 관객을 유인하고 공연의 목적을 달성한다. 예전에는 제작비의 문제로 단기적으로 제작했으나 이제는 세트, 장비와 같은 스텝 팀이 구성되어 신속하게 움직인다. 다른 이벤트보다 예술성이 더욱 요구되고 관련 전문가들이 연출에 투입된다. 호텔이벤트 팀은 사전에 완벽한 미팅을 통해 프로그램을 숙지하고 공연에 만전을 기한다. 호텔에 공연장이 이미 갖추어진 시설이 있는 장소를 선택한다.

공연관련 외부기획사가 호텔에서 행사를 할 때 가장 신중해야 할 것이 호텔로의 장비 반입이다. 호텔 연회장은 행사가 계속적으로 있고, 다음 행사 준비를 위해서는 이전 행사가 끝나는 시점에서 설치가 들어가는데 밤늦게까지 하는 작업은 기본이고 하루에 끝나지 않는 작업은 미리 인지를 하고 대비를 해야 한다. 퇴근시간 이후의 작업은 호텔 직원들의 협조가 쉽지 않으므로 사전에 필요한 허가양식의 서류들을 준비하고 협조체제를 구축해야 한다.

외부 반입의 항목은 무대, 트러스, 음향, 조명, 영상, 카메라, 특수효과, 빔프로젝트 등인데 여기에도 순서가 있다. 작업 순서가 뒤바뀌면 세팅이 지연되고 리허설이 늦어지게 되어 본 행사에 영향을 주게 된다. 먼저, 무대 팀이 들어와 바닥을 깔아주어야 한다. 이때 바닥의 마감재가 완전히 부착이 된 상태에서 음향스피커 장비가 들어오고, 다음으로 스크린과 같은 장비들이 옆으로 정렬되어야 한다. 무대작업 이후에는 트러스와 같은 조명을 매달 장치들이 동시에 이루어지고 바로 라이트light 작업을 한다. 파 라이트, 뱅크, 무빙 라이트, 맥, 서치 등 다양한 조명기구들을 설치하는데, 전체 스텝 중에서 가장 작업이 늦고 행사 후에도 모든 작업 이후에 조명을 철수하는 작업이 반복된다. 만약 음향스피커 시스템이 바닥에서 쌓는 방식이 아니라 트러스에 매다는 플라잉flying 시스템이면 트러스가 선 이후 작업을 한다. 카메라 영상은 소스 플레이를 어두운 상태에서 하는 관계로 조금 늦게 합류하여도 된다. 카메라는 행사장 바닥이 아닌 바닥 니주(받침 세트) 위에 설치 고정한다. 무대팀은 다른 작업에서 세트에 상처를 낼 수도 있으므로 행사 당일 아침 최종점검을 한다. 설치가 완료되면 큐시트Q-sheet를 놓고 담당 연출자event PD가 리허설을 한다. 리허설의 순서는 다음과 같다.

① 기획사와 스텝이 함께 큐시트 대본 리허설을 한다.
② 음향, 조명, 영상 위주로 중요부분 리허설을 한다. 연출은 마이크를 사용하여 끊어가면서 세부적으로 진행한다.
③ 출연자는 대체인력으로 동선을 확인한다.

④ 전 스텝 스탠바이stand by하여 1차 드라이 리허설dry rehearsal을 한다. 연출은 콘솔 박스consol box에서 음향에 맞춰 실제상황과 똑같이 한다.
⑤ 전 스텝이 최종회의를 진행한다. 이때 각자의 Q를 체크한다.
⑥ 최종 리허설run through을 한다. 행사 주최측의 참석을 유도하여 보고의 형식을 취하기도 한다.

외부기획사는 호텔에서 개최할 이벤트를 기획할 때 호텔의 장소나 위치 그리고 이벤트에 어울리는 특성을 고려하여 호텔을 선정하게 되는데, 〈표 2-11〉은 서울시내 주요 특1급호텔의 장소 선정의 특성을 설명하고 있다. 호텔 외에도 컨벤션센터(서울 코엑스, 인천 송도컨벤시아, 부산 벡스코, 일산 킨텍스 등)와 같이 대규모 장소가 있지만 박람회와 전시회가 주로 열리고 호텔에서는 고급이미지와 중대형 규모의 이벤트가 개최되기에 적합하다. 호텔이 이벤트 장소로 선정되는 기본적인 이유이기도 하다.

쉐라톤워커힐호텔은 이벤트기획사 입장에서 매우 매력적이다. 그랜드볼룸 외에 중·소규모 연회장이 다양하게 있다. 컨벤션센터와 같은 별관 형태로 구성되어 있고, 특히 2,000명 이상이 수용되는 야외 잔디 제이드 가든은 국내 유일한 장소이다. VIP 초청 행사나 유명 연예인 결혼식이 열리기도 한다. 한강이 보이는 또 하나의 애스톤하우스 연회장은 별장식의 시설과 잔디, 야외가 어우러진 외국기업체 프로모션promotion이 장기적으로 예약되는 인기장소이다. 가야금홀이라는 극장식당은 800여 명을 수용하는 공연장으로 정기 쇼 프로그램 외에 외부행사에 대관되어 기획사에게는 콘서트, 미스코리아 선발대회 등의 장소로 손꼽힌다. W호텔은 워커힐호텔의 바로 인접한 6성호텔로 비스타 홀은 고급스런 행사에 어울리는 장소이다.

롯데서울은 소공동에 위치해 국제회의에 잘 어울리는 장소이다. 대 연회장과 중소연회장을 잘 분배하고 외부의 장소에서 파티나 외국인을 위한 사교 프로그램을 운영한다. 투어나 동반자 프로그램을 운영하고 인근에 쇼핑을 즐길 수 있는 백화점을 갖추고 있다. 국제회의에 있어서 그랜드힐튼은 홍은동이라는 다소 먼 위치에 있지만, 독자적인 컨벤션센터를 보유하여 호텔의 경우 1,000여 명의 인원을 수용하는데 비해 2,500명이라는 대규모 인원시설로 국제행사에 선호도가 높다. 오히려 단점을 장점으로 극복하여 숙박에 있어서도 다소 장기체류에 가능한 이미지를 구축했고, 셔틀버스를 운영하여 서비스에 만전을 기한다면 외국인 고객에게 또 하나의 추억을 줄 수 있다.

호텔신라는 이미지에서 가장 국빈행사에 어울리고 정부의 대표적인 행사를 진행할 때 선호된다. 호텔의 이미지만이 아니라 연회장 시설이 고급 행사에 어울리고 영빈관 시설과 야외 가든 장소는 VIP 행사를 치르는데 손색이 없다. 하얏트호텔은 가장 세련된 패션쇼나 화려한 예술행사에 아울리는 장소이다. 그랜드볼륨은 2,000명을 수용할 수 있고 무대 전면에 분수전망은 이벤트의 행사에서 선호되는 이유이다.

표 2•11 이벤트 기획사의 호텔 선호도

호 텔	내 용	비 고
쉐라톤워커힐	· 아차산과 한강의 전망을 가진 국내 최고의 위치 · 그랜드볼륨과 중소형 대형 연회장을 보유 · 극장식당 가야금홀의 무대에서 이벤트 용이 · 제이드 가든, 애스턴하우스의 야외 잔디 연회장 차별화	이미지
W호텔	· 국내 최고 6성 호텔 · 대형 연회장 보유, 스타 연예인 결혼이벤트로 유명	고급화
롯데잠실	· 리조트 테마호텔 이미지로 공연이벤트 강점 · 지리적 위치의 장점	
롯데서울	· 시내 위치(소공동)로 국제회의 강점 · 도심지 비즈니스호텔의 이미지 활용 · 크리스탈볼륨 800명 수용	
밀레니엄힐튼	· 남산의 정취를 느낄 수 있는 이미지 · 서울역, 남대문 위치의 특성	

호 텔	내 용	비 고
그랜드힐튼	· 대형 컨벤션센터 연회장 활용 · 국제회의 및 대규모 공연 가능	컨벤션홀 2,500명
호텔신라	· 고급스러운 이미지 · 야외 연회장 보유 · 다이너스티홀 1,000명 수용, 한국 고전의 미 영빈관 운영	
하얏트호텔	· 세련된 이미지로 그랜드볼룸은 패션쇼 장소로 포지셔닝 · 파티 이벤트와 같은 격조 있는 행사로 적합	그랜드볼룸 2,000명
코엑스인터콘티넨탈	· 코엑스 시설과 인접한 위치 · 이벤트 행사에 적합한 하모니볼룸	
그랜드인터콘티넨탈	· 코엑스와 교통이 좋은 삼성역의 위치적 조건 · 1,800명 수용이 가능한 그랜드볼룸	
리치칼튼	· 중소 규모의 기업체 이벤트 행사에 적합 · 파티행사 이미지	
플라자호텔	· 시청 앞에 위치한 장점 · 정기적 문화공연 개최 이미지	
르네상스호텔	· 강남 테헤란로 중심 위치 · 다이아몬드볼룸 1,000명 수용	
조선호텔	· 고급행사 이미지 포지셔닝, 그랜드볼룸 500명 · 코엑스, 킨텍스 케이터링 운영권	
JW메리어트호텔	· 고속터미널, 신세계백화점 연결 위치적 장점 · 세련된 연회장 · 밀레니엄 홀 연결 가능(2,000명)	

하얏트호텔은 파티이벤트의 경험에서 다른 호텔의 경험을 현저히 앞서고 시설의 장점도 있지만 이벤트 담당인력들의 수준이 높다.

인터콘티넨탈호텔은 두 호텔 모두 코엑스센터를 인접해 있고 교통의 요지이며 삼성역이 바로 강남으로 이어지는 편리성을 동시에 가지고 있다. 많은 인원을 수용하는 대 연회장을 가지고 이벤트를 개최하는데 무리가 없다. 많은 기획사들이 이벤트에서 선호하는 호텔이다. 영화관, 아케이드, 백화점이 있고 카지노 호텔이 인근에 있고 다양한 서울 시내의 먹거리를 즐길 수 있다.

조선호텔은 연회장 규모에 있어서 최대 500명 정도 수용되지만, 그 정도의 인원이 필요한 행사는 모두 조선호텔에서 치룰 정도로 호텔의 이벤트 장소로서 선호도가 높다. 위치적인 장점도 있지만 기업체 행사들이 많이 열리고, 특히 외국계 관련 행사들이 열리고 파티행사에서도 손색이 없다.

JW메리어트호텔은 터미널과 인접하고 백화점을 가지고 있어 강남에서 손꼽히는 이벤트 장소이다. 대규모 그랜드볼룸은 아니지만 많은 이벤트 행사들이 열리고 있고 외국관련 행사들이 개최된다. 특히 통로가 연결되어 있는 밀레니엄 홀은 대 연회장이 2,000명을 수용하고 중소 연회장이 연계되어 국제행사를 치르는데 적합하다. 메리어트호텔은 이벤트 행사에서 선호되는 호텔 중 상위이며 공식적인 '이벤트 코디네이터'라는 직책을 호텔 초기에 명기하여 공식 채용하기도 하였다. 이벤트 코디네이터가 가장 활발히 움직이고 계약에 있어 권한도 대단히 많이 주어진다. 인접한 밀레니엄 홀은 국내에서 가장 선호하는 콘서트 장소이고 실제적으로 수많은 유명 콘서트들이 봄, 가을, 연말에 개최되는 관계로 예약이 힘든 상황이다.

외부기획사들은 호텔에서 연회장을 임대하고 이벤트를 개최하는데 여러 가지 이벤트 내용들이 많지만 빠질 수 없는 것이 이벤트 행사에 들어가는 공연이다. 여기서의 공연은 공연 자체로 기획되어 개최되는 것이 아닌 소규모로 제작되어 약 20분 정도로 2회 정도 운영되는 이벤트용 공연이라고 할 수 있다.

그동안 가장 일반적으로 리셉션, 공식행사, 축하공연에서 필요에 따라 현악 3중주, 타악퍼포먼스, 가수 노래공연이 주를 이루어왔다. 그러나 요즘 이벤트에서 보여지는 소규모 공연에 많은 변화가 있다. 이벤트 행사의 콘셉트를 표현해주는 형태와 고갞에게 차별적인 즐거움을 주는 메인 공연main performance, 그리고 식사시간에 음악을 선사해 주는 크게 3가지에서 독특한 공연들이 선보이고 있다.

기업의 비전선포식이 기획사에서 수주하여 이벤트행사로 열린다고 하자.

기획자의 업무 중에서 공연에 대한 섭외와 준비가 가장 신경이 쓰이는 부분이다. 아무리 전체 행사가 잘 진행되었다 하더라고 참가자에게 공연을 통한 엔터테인먼트 제공은 콘셉트를 전달하는 것과는 또 다른 의미가 있다. 콘셉트가 잘 준비되었다 하더라도 공연이 재미가 없으면 공연 그 자체의 특성을 발휘하지 못하는 것이다.

비전선포식은 주로 사전에 칵테일 리셉션이 열린다. 여기에 어울리는 공연은 세련된 보컬을 포함한 재즈밴드가 어울린다. 기존의 현악 3중주보다는 차별적인 공연이 필요하고 국악연주를 퓨전화한 퓨전국악이 추천되기도 한다. 해금, 가야금, 장고와 같은 전통악기와 키보드, 현악기를 믹스해 맛깔스럽게 외국곡 연주가 가능한 공연으로 특히 외국인의 환영행사로 손색이 없다.

표 2•12 이벤트 행사용 공연 소개

공 연	내 용	비 고
클래식연주	· 현악 3중주가 일반적임 · 칵테일 리셉션이나 행사 전에 주로 공연	
성 악	· 남, 여 솔로로 바리톤이나 소프라노 공연 · 식전행사 전에 효과적임	
전자현악	· 바이올린 등의 연주를 전자악기로 하는 퓨전 · 연주와 율동이 함께 공연 됨	3~5인조
퓨전국악	· 가야금, 장고, 피리, 키보드, 해금 등으로 퓨전 연주 · 보컬(노래)이 들어가기도 하고 외국곡이 연주 가능	개막식
아카펠라	· 반주가 따르지 않는 합창곡 · 화음과 목소리로 감미로운 선율 선사	
재즈보컬	· 키보드, 기타, 콘트라베이스, 드럼 등으로 구성 · 보컬과 어우러져 우아한 분위기	만 찬
사물놀이	· 꽹과리, 북, 징, 장고의 전통 공연 · 앉아서 하는 앉은 반 외에 서는 선 반 공연 등	판 굿

가야금산조	· 가야금 연주 5인조 정도 · 24현 가야금으로 구성된 전통팀이 최근 유행	공식행사
타악퍼포먼스	· 전통 모듬북 공연을 퓨전화 · 난타 장르로 타악기의 개량화	4~5인조
뮤지컬	· 전통 뮤지컬을 간소화 · 행사의 취지를 뮤지컬에 반영	창립기념식
테마무용	· 현대무용 형식을 행사의 콘셉트에 맞게 안무화 · 7~8인조로 구성	비전선포식
오케스트라	· 지휘자와 연주단 구성 · 설명을 곁들인 우아한 예술 공연	
마 임	· 몸짓으로 내용을 표현해 내는 공연 · 이벤트 공연에서 차별적인 내용으로 최근 유행	
마 술	· 카드, 손 기술을 활용한 소규모 공연 · 대직장비를 이용한 일정한 공간의 규모가 있는 마술	
벨리댄스	· 화려한 의상과 신비한 분위기의 댄스 · 비주얼적인 공연으로 적합	
치어리더	· 체육대회나 야외행사에 적합 · 실내의 경우 모던댄스 음악으로 오프닝 공연	오프닝
칵테일 쇼	· 칵케일 만드는 기술을 댄스화, 묘기화 · 최신의 복장으로 남녀 혼성 구성	4~5인조
마칭밴드	· 환영의 개념으로 식전 행사에 쓰임 · 고적대와 같은 공연개념	환영연
가수섭외	· 메인 공연으로 축하연에 적합 · 상황에 맞게 당시 유행하는 가수 섭외	축하공연
개그프로	· TV 개그 프로그램을 이벤트 행사에 사용 · 최근 개그 이벤트는 최고의 호응을 얻고 있음	
방송프로	· 방송 프로그램을 구매하여 이벤트화 · KBS 열린음악회, 공중파/라디오 인기음악 채널	집객용이
패션쇼	· 화려한 의상을 입고 무대에서 워킹을 하며 공연화 · 행사 주최자를 참여시키고 수익의 일부를 사회에 환원하는 방식	

리셉션 후 공식행사가 열리는데 메인 퍼포먼스가 필요하다. 행사의 콘셉트를 표현해 주는 중요 이벤트이다. 테마 무용이 많이 사용되는데, 현대적인 무용이나 모던댄스로 특별히 안무된 무용과 음악, 특수효과를 통해 강렬하고 멋진 공연을 보여준다. 그러나 최근에 와서 뮤지컬과 같은 다소 어렵게 느껴지는 장르들이 대중화되면서 테마무용을 대체하기도 한다. 고객의 입장에서 보면 색다른 느낌으로 이벤트의 주제를 전달받을 수 있는 장점이 있다.

공식행사 후 만찬시간과 같은 식사시간이 있는데 가야금 24현 연주가 어울린다. 기존의 12현에서 24현으로 변형을 주고, 5명 이상의 인원으로 노래보다는 산조의 연주로 선율의 아름다움을 보여준다. 전통이라는 약간 따분할 것이라는 고정관념을 깨고 많은 퓨전형식의 연주들이 각광을 받고 있다. 연주에 어울리는 현대적인 의상이 필요하고 행사장의 참가자를 응시하는 미소 등의 서비스정신이 뒷받침되어야 한다. 20분 정도의 공연을 하고 쉬는 시간 후 다시 한차례 공연을 더 하기도 한다.

호텔에서 외부기획사를 이야기할 때 PCO는 반드시 언급되어야 하는 커다란 존재이다. 최근에 특히 국가전략산업으로 MICE 산업Meeting, Incentive, Convention, Exhibition을 키우면서 PCO는 국제회의기획사로서 하나의 큰 산업으로 성장하고 있다. 광고기획사나 다른 형태의 회사에서 컨벤션이 함께 운영도 하지만 단일업체로 시작한 것은 약 25년 전이라고 할 수 있다. 현재 PCO는 단일회사 전문인력 50정도에서 200억의 매출을 달성하는 탄탄한 회사들로 커나가고 있다. 관련 협력업체의 인력을 따지면 회사의 수백 수천의 인력이 근무하는 것이고, 파급효과 면에서의 매출은 실로 엄청나다 하겠다.

PCO가 수행하는 컨벤션이 하나의 이벤트라고 했을 때 호텔은 매력적인 컨벤션 장소이다. 컨벤션을 호텔에서 수행하는 것이 이벤트이고 만찬과 같은 사교 프로그램에서 공연기획은 또 하나의 이벤트이다. 컨벤션을 이벤트를 품은 이벤트로서 객실숙박, 식음료, 연회, 투어, 회의, 전시 등 종합적인 국제행사이다.

클래식 이벤트는 아직 대중적이지 못하고 전문적인 기획사가 자리를 잡지 못하고 있는 실정이다. 대기업에서 협찬하는 형태로 많이 운영되고 있고 바이올린 연주회, 소프라노 발표회, 피아노 독주회, 오케스트라 형태로 소아암 환우 돕기와 같은 타이틀로 사회 환원적인 이벤트가 많다. 클래식은 연주를 하는 출연자의 섭외나 매니지먼트management 계약이 성숙되지 못하고 단발적인 연결에 그치고 있는 것도 이벤트 행사의 기획에 장애요인이 되고 있다. 클래식은 대중에게 고급스럽고 자연스런 공연이벤트의 장르로 앞으로 비약적인 발전이 예상된다. 기업체의 사회적 기업으로서 사회환원적인 흐름에 발맞추어 후원활동은 자연스러워질 것이고, 메세나와 같은 이벤트 분야가 호텔에서 완전히 자리잡아 갈 것이다.

국내 최초 리조트 내 특1급호텔
인터콘티넨탈 알펜시아 평창리조트

호텔 연회이벤트 장식

호텔 주방시설

Chapter 3
호텔이벤트의 종류

호텔이벤트는 상품과 서비스를 판매하고 활성화를 하고자 하는 목적으로 기획적인 이벤트를 만들어 고객들에게 제공 및 판촉하는 일체의 활동을 말한다. 이전부터 호텔은 패키지 상품, 식음료영업장 프로모션 및 이벤트, 디너쇼 등의 기획, 콘서트, 민속쇼, 외국쇼 공연, 웨딩이벤트 등을 통해 비수기 극복 및 매출 증대, 이미지 관리에 역점을 두어왔다. 그리고 호텔 관광상품에 고객만족의 개념이 접목되면서 다양한 형태를 보이고 있고, 관광이벤트의 한 분야로 호텔과 고객이 함께 하는 새로운 엔터테인먼트 개념을 보여주고 있다.

단순히 숙박, 식음료의 결합된 기존의 패키지 개념이 아닌 이벤트가 항상 창조적으로 결합되어 질적으로 다른 소프트웨어 프로그램이 지금의 호텔이벤트 개념으로 자리 잡고 있다. 이제는 호텔의 마케팅부서에 당연히 판촉 이외에 행사기획이나 이벤트담당이 배치되어 활발히 움직이고 있는 것이 현실로서 인식된다는 것이다.

01 | 선행연구에서의 호텔이벤트

호텔이벤트의 유형을 체계화하고 그동안의 선행연구를 기초로 분류화 하는 작업은 호텔이벤트 사례분석의 틀을 제공하는 의미가 있다. 많은 연구들에서 호텔이벤트를 상품으로 보고 다양한 관점에서 분류하고 유형화하여 그 내용을 기술하였는데, 나름대로의 연구작업을 위한 의미가 있는 작업이라 볼 수 있다. 아직까지 명확한 유형분류의 틀은 없으나, 최근 대표적인 연구에서 보여지는 호텔이벤트 유형의 내용들을 살펴봄으로써 호텔이벤트 유형을 세부적으로 접근하는 연구의 목적을 가지며 〈표 3-1〉에서 그 내용이 구체적으로 설명되어지고 있다.

표 3•1 선행연구의 호텔이벤트 유형

분 류	유 형	내 용
이벤트목적	이익개선	· 호텔 내 각 영업장의 직접적인 매출을 활성화하기 위한 목적 · 각 식음영업장 별 메뉴이벤트, 건강식메뉴, 바 이벤트, 계절별 이색이벤트, 크리스마스 이벤트, 연말연시 이벤트, 어린이날 잔치, 어버이날 효도디너쇼 등의 촉진이벤트(promotion event) · 연예인 결혼식협찬, 유명슈퍼스타 초청행사, 신규영업장 오픈이벤트, 호텔 신상품 발표회, 우수고객 초청행사 등의 판촉이벤트(PR event)
	자선성	· 직접적 매출보다는 이미지제고 개선의 비영리적 행사 · social event로 자선음악회, 후원 문화이벤트, 협찬 전시이벤트, 자선바자회, 지역사회 어린이초청 행사, 메세나 등
상품의 종류	객 실	· 객실이벤트는 계절별 객실수요의 변화에 따른 비수기 극복이나 특별한 시즌, 즉 봄, 가을의 결혼시즌, 방학시즌, 연말연시 등에 객실판매의 촉진수단으로 많이 이용 · 주로 호텔부대시설의 할인이나 무료공연 티켓, 과일, 음료제공으로 객실과 타 상품과의 패키지 형태로 객실에 대한 수요를 촉진하는 이벤트 · 이외에 스파, 에스테틱 패키지가 최근 관광객과 외국인에 각광받고 있으며 명절, 세미나, 허니문, 주말패키지 등이 있음
	식음료	· 크게 서비스부문과 조리부문으로 구분 · 서비스부문은 레스토랑, 바, 커피숍, 나이트클럽, 연회부, 룸서비스 등으로 호텔에서 영업이익을 개선하기 위한 촉진이벤트로 주로 개최 · 계절별 음식이벤트, 음료이벤트, 나라별 이벤트, 기념일 이벤트
	연 회	· 연회이벤트란 연회장 또는 연회시설에서 이벤트적인 성격을 갖고 참석자에게 식음료를 제공하고 개최되는 모든 행사 · 이벤트 주최자의 인위적인 의도성과 참가자에게 주식을 제공한다는 개념을 내포하는 행사, 예식과 컨벤션을 포함하기도 함
	바 이벤트	· 적은 비용으로도 충분히 호텔을 즐길 수 있는 장소 · 와인을 주제로 한 와인강좌, 와인시음회, 세계 여러 나라의 생맥주나 칵테일, 라이브공연, 게임룸, 스포츠 바 등을 이용한 이벤트 · 외국인 밴드연주(노래 포함)

이벤트 매체	온라인	· 온라인망을 통해 호텔의 상품을 고객들에게 알리기 위한 하나의 수단으로 사용되는 것을 지칭 · 인터넷 이벤트를 통해 회원확보, 고객유치, 브랜드이미지 개선 등으로 기존 오프라인에서 이루어졌던 특징들을 그대로 연결 · 온라인상에서 배너광고 형태로 이벤트를 고객에게 알리고 주로 쿠폰 형태의 이벤트나 퀴즈이벤트가 많이 활용
	오프라인	· 기존의 매체 개념으로 대개 온라인상에서 호텔이벤트에 대한 정보를 접하고 오프라인으로 직접 참여함 · 이벤트 자체를 온/오프라인으로 명확히 구분하기 어려움
이벤트 장소	객 실	· 여름패키지, 겨울패키지 등
	식음료	· 각종 전통요리 및 연회이벤트 상품 등
	부대시설	· 레저 및 스포츠시설 상품 · 극장식당(쇼 관람), 공연장, 퍼레이드 등

이벤트는 시대상황에 따라 변화하고 발전하는 개념으로 현대시대의 고객의 요구를 만족시키는 이벤트기획이 절실하다. 호텔이벤트의 유형을 분석해보고 호텔기업에서의 이벤트 내용을 그 흐름에 맞추어 비교해봄으로써 고객과의 커뮤니케이션은 물론 지속가능한 마케팅전략에 도움을 주기 때문이다.

기존 연구들을 정리해 보면 호텔이벤트를 크게 이벤트의 목적, 상품의 종류, 이벤트 매체 그리고 이벤트 장소로 크게 구분하고 있다. 호텔이벤트를 기획하는 의도성과 효과를 우선으로 접근하고 있으며, 대표적인 호텔상품이 무엇인지가 분류의 바탕을 이루고 있다. 또한 기획된 이벤트는 어떤 매체를 통해 어떤 경로로 전해지는가가 구분되고 이벤트의 성격적 특징인 장소성이 크게 분류되는 기준이 되며 이것이 호텔이벤트의 세부적인 유형을 살펴보는데 기준을 이루고 있다.

이벤트 목적에 의한 분류는 호텔의 직접적인 매출을 목적으로 이벤트를 기획하는가 아니면 호텔의 이미지를 위한 중장기적인 전략적 목적을 위한 것인가의 차이로 이익개선과 자선성으로 유형화된다. 상품의 종류에 의한 분류는 호텔의 대표적 기능인 객실, 식음료, 연회, 바를 상품적으로 유형화한 것인데

식음료의 경우 조리라는 기능을 포함하고 있으며 연회는 컨벤션과 같은 기능을 포함하고 있다고 볼 수 있다. 매체에 의한 분류는 인터넷과 같은 온라인과 고객의 직접적인 참여를 위한 오프라인으로 유형화된다. 이벤트 장소에 의한 분류는 실제 이벤트 벌어지는 장소에 의한 유형으로 객실, 식음료 영업장, 스포츠시설과 공연장 그리고 쇼 극장식당 같은 곳을 말한다.

02 | 실무적 관점에서의 호텔이벤트

[그림 3-1]은 호텔이벤트가 호텔에서 보여지는 행사만이 아닌 호텔이 주체가 되어 이벤트에 기여하는 관점에서의 호텔이벤트의 종류를 보여주고 있다. 호텔에서 연회행사, 식음료 프로모션, 국제회의만이 아닌 다양한 호텔이벤트의 형태를 설명하고 있다. 이벤트 기획은 더욱 발전할 것이고, 호텔이벤트는 그 어느 대상보다도 고객 중심의 치밀한 이벤트를 요구한다. 호텔에서 발생하는 이벤트 현상을 잘 설명해 주며 크게 8가지로 분류해 볼 수 있다.

① 연회장 임대이벤트
② 영업장이벤트
③ 스페셜패키지
④ 음악이벤트
⑤ 부대시설이벤트
⑥ 기획공연이벤트
⑦ 연계이벤트
⑧ 온라인이벤트

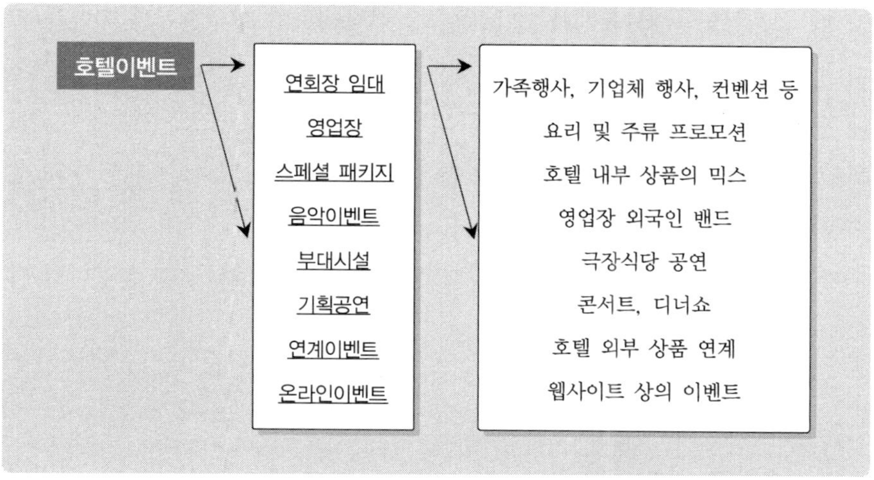

[그림 3-1] 실무적 관점에서의 호텔이벤트 유형

03 연회장 임대이벤트

연회장 임대이벤트란 호텔 연회장을 외부에서 행사 주최자가 빌려서 호텔의 이벤트 코디네이터의 협조로 개최되는 모든 종류의 이벤트를 말한다. 크게 구분하면 가족행사와 커머셜commercial 행사로 분류할 수 있다. 가족행사는 돌잔치, 약혼식, 결혼식, 회갑연 등으로, 커머셜 행사는 기업체 행사, 정부행사, 협회 및 단체 행사, 컨벤션, 공연이벤트 등으로 구분할 수 있다.

1) 가족행사

가족행사는 호텔 연회예약 부서에서 업무를 수행하는데 고객과 직접 상담과 계약을 하고 이벤트 코디네이터가 지정되어 행사를 진행한다. 일반 행사는 가족모임과는 달리 호텔의 전문 세일즈 지배인들이 자신들의 거래처account

를 가지고 영업을 하여 행사를 수주한다. 현장에서의 행사진행은 이벤트 코디네이터와 행사주최자와 함께 3인체제를 형성하여 완벽을 기한다. 국제회의나 전시이벤트도 일반 기업체로 분류되나 상황에 따라 별도로 거래처 관리를 하고 외부기획사의 공연이벤트를 위한 연회장을 임대해 주는 경우도 호텔 연회장 임대이벤트에 포함된다.

가족모임에서 이벤트 코디네이터가 상담을 통한 계약사항을 설명하면 다음과 같다.

① 행사개요

- 고객명, 업체(단체명)
- 연락처(전화번호, 이동전화, 팩스, 이메일)
- 희망행사일시(날짜, 시간)
- 참석인수
- 예산

② 행사종류

- 돌잔치, 약혼식, 결혼식, 회갑연, 출장연회, 기타

③ 식사 스타일

- 뷔페, 칵테일 뷔페
- 양식코스, 중식코스, 일식코스

④ 음 료

- 샴페인, 하우스 와인
- 콜라 / 사이다, 오렌지주스
- 커피, 웰컴 드링크

⑤ 꽃장식

- 상차림 꽃장식, 테이블 꽃장식, 약혼식 꽃장식

⑥ 기 타

- 2단 케이크, 3단 케이크
- 현수막, 얼음조각, 상차림, 풍선장식, 돌복 대여
- 연주 3중주, 연주 5중주
- 밴드 노래방, 전문 사회자, 약혼식 하트 캔들

표 3•2 호텔 웨딩이벤트 프로그램

항 목	내 용	시스템
영상물 상영	· 신랑 신부 사진, 편지 등의 영상물 제작 상영 · 하객들에게 자연스러운 관심 제공	
사회자 입장	· 결혼식 시작을 알리고 내빈을 내부로 유도하는 멘트 · 2~3회 반복	BGM out 포디움 마이크
개식사	· 결혼식 거행 멘트	분위기 집중
양가모친 입장	· 촛불 점화를 위한 양가 모친 입장 · 중앙으로 유도	무대 옆 도우미 대기
촛불점화	· 양가 모친 첫 불 점화 · 신랑 측 청색 초 점화 후 신부 측 적색 초 점화	특별 기념초 이벤트 도우미
주례등단	· 주례 소개	중앙 포디움 마이크
신랑입장	· 신랑 입장 멘트 · 박수 유도 · 등단 후 인사 · 특수 장치를 활용해 공중에서 이동하거나 천정에서 떨어지는 곤돌라 효과	홀 조명 어둡게 중앙동선 스포트라이트 음악 고조
신부입장	· 신부입장 멘트 · 부친과 입장, 신랑 하단에 근접 시 인사, 악수, 인계	
맞 절	· 신랑, 신부 맞절 멘트	주례 유도

항 목	내 용	시스템
혼인서약	· 혼인서약 멘트	주례 낭독
혼인선언문 낭독	· 혼인선언문 낭독 멘트	주례 낭독
주례사	· 주례사에 대한 멘트	
축가 / 축주	· 결혼을 축하하는 공연 · 신랑, 신부 단하	
깜짝이벤트	· 사전에 촬영한 신랑, 신부 영상 또는 부모님께 드리는 편지	빔 프로젝트, 스크린
내빈께 인사	· 신랑, 신부 양가 부모님께 먼저 인사 · 하객 인사, 박수 유도	주례 주도
사회자 이벤트	· 분위기를 고려하여 진행	개그 분위기
행 진	· 신랑, 신부 행진멘트 · 행진 카펫까지만 행진	음악, 조명 연출
폐 식	· 폐식 멘트 · 시진촬영	
광 고	· 2부 또는 피로연 멘트	포디움 마이크
피로연	· 전문 사회자 운영 · 건배 제의(샴페인, 사회자 제의) · 축하케이크 절단 · 공연 · 하객인사 · 피로연장이 한 곳 이상인 경우 중계시스템	영상물 상영 하객 영상 스케치 무선마이크 BGM

결혼식에 있어서 상담사항이 추가되는데 신랑신부 성명, 식사에서 떡과 잔치국수, 꽃장식에서 기본 장식(주례연단, 꽃길), 연단용 마블베이스 장식, 하객 테이블(개당), 부케, 코사지, 스크린 꽃장식이다. 폐백사항으로 폐백의상, 폐백음식, 폐백 도우미가 체크되어야 한다. 기타로 웨딩 케이크, 연주, 캔들타워, 얼음조각, 결혼용품, 초콜릿 답례품이 있다.

〈표 3-2〉는 호텔에서 진행되는 결혼식의 Q-sheet를 설명하고 있다. 호텔에서의 결혼식은 호텔의 이미지뿐 아니라 영상물 상영이나 축하공연, 특수장치

의 효과를 삽입하여 이벤트 연출효과에 주의를 기울이고 있다. 특히, 결혼식은 호텔 매출에 있어 이익 경영에 커다란 기여를 하는 상품으로 자체적으로 백드롭 등을 보유하는 연회장 시설을 갖추고 운영하는 호텔이 늘어나고 있다.

2) 기업, 협회, 정부 및 단체 행사

가족행사 외에 호텔에서 개최되는 이벤트는 기업체 행사, 정부, 협회, 단체 등으로 여러 형태가 호텔에서 열리지만 세일즈 대상에 따른 구분에 따라 분류되는 것이 보통이다. 그러한 단체들을 필요에 따라 적절한 이벤트를 호텔에서 실시하는데 기업체 행사는 기업에서 뜻하는 목적에 따라 기획되고 실행되는 이벤트로서 크게 내부적 관점과 외부적 관점으로 크게 나눌 수 있다. 먼저 내부적 관점의 이벤트는 주로 기업직원들과 관련되는 것으로 전사 한마음대회, 체육대회, 창립기념식, 비전선포식 등이 있고 외부적 관점에서의 이벤트는 제품 판촉과 관련되는 활동과 신제품 발표회 및 프로모션을 들 수 있다.

정부, 협회 및 단체의 경우는 일반 기업체와는 달리 공식적인 행사와 세미나와 같은 회의, 컨벤션 이벤트 행사가 대표적이다. 공연의 경우는 기획사가 작품을 제작하여 호텔에서 개최하는 형태이고 종류는 콘서트, 뮤지컬, 오페라, 음악회 등 고급스럽고 다소 대중적이지 않는 공연을 기념일이나 시기를 정하여 특별화시키는 전략을 구사한다.

기업이벤트의 대표적인 사례로, 창립기념식 이벤트, 프로그램은 사내형 이벤트로 PR의 성격도 함께 가지고 있다고 볼 수 있고, 비전선포식은 기업의 의지를 표현하는 이벤트가 여기에 속한다고 할 수 있다. 신제품발표회 프로그램은 전형적인 SP형 이벤트로 이벤트의 포인트는 신제품의 기능적인 설명을 기초로 하지만, 최근의 추세는 세련되고 고급화된 이미지 전달이 주된 목적이다. 가장 최첨단의 신제품 발표회는 오토쇼auto show가 손꼽힌다. 전진대회 이벤트는 전형적인 사내형으로 매년 정기적으로 진행되고 있으며, 행사의 포인트는 함께 하는 공동체 의식과 이벤트 아이템의 차별성이다. 〈표 3-3〉은 호텔에서 기업체 이벤트 행사 중에서 신제품 발표회 프로그램이다.

호텔 신제품 발표회의 메인이벤트main event는 신제품new product 전시회exhibition이다. 전체 행사는 크게 영접 및 등록, 축하리셉션, 공식행사, 전시회, 만찬으로 구성되는데, 행사기획자는 사전에 고객을 VIP와 일반 그리고 초청자와 일반인으로 구분하여 추진한다. 호텔이벤트의 경우 전시회는 고객이 모두 초청된 VIP라고 보면 되고 RSVP에 의해 초청장 배포, 전화 확인을 거쳐 현장에서의 자리배석까지 모두 이루어진다. 차량 통제까지 필요하고 행사장에 도착하면 등록에서 이름을 확인하고 네임텍을 달아주고, 필요에 따라 행사장 안의 자리를 확인케 한다. 보통 로비지역에 좌석배치도를 설치하여 자연스럽게 인지하도록 하고 축하리셉션에 바로 참가하여 고객들과 참가자들이 서로 인사하고 대화하며 먼저 도착한 시간을 즐기게 한다.

상황에 따라 VVIP들은 별도로 마련된 대기실에 도우미를 배치하여 간단한 차와 다과를 제공한다. 날씨가 추울 경우에는 코트 룸을 운영하는 세심함이 필요하다. 리셉션은 보통 칵테일 리셉션으로 준비하는데 티 파티tea party와 스탠딩 뷔페standing buffet의 중간 정도로 메뉴가 구성되고 오드볼, 카나페 등과 같이 간단히 핑거 푸드 형식으로 포크를 사용하여 식사할 수 있을 정도로 준비된다.

표 3•3 기업이벤트 프로그램

구 분	시 간	항 목	내 용	비 고
영접 및 등 록	영 접	~11 : 30	· 초청자 및 VIP 영접 · 별도 룸 운영	도우미 운영
	등 록		· 접수 테이블 운영 · 초청자 확인, 명함 수거 · 네임카드 부착 · 방명록 · 칵테일파티 안내	

축 하 리셉션	칵테일	~11 : 30	· 사전 만남의 공간으로 운영 · BGM 운영 · 현악 4중주 공연	
공 식 행 사	개회통고	~12 : 00	· 주최사 공식사회자	
	경과보고		· 신제품 개발 담당자	
	인사말		· 대표이사	
	축 사		· 초청 VIP · 3명 이하가 적당	
	신제품설명		· 신제품 개발 담당자	
	폐회통고		· 공식행사 종료, 다음일정 소개	
전시회	신제품전시	~12 : 30	· 사전에 신제품 부스를 별도 제작하여 운영 · 신제품 전시 및 시연회로 운영	
만 찬	중 식	~13 : 20	· 메뉴 : 출장 부페 · 식사시간 동안 영상, BGM 운영 · 진행구성 순서 - 케이크 커팅 : 3 / 5단 - 축배제의 : 대표이사 - 만찬 - 행운권 추첨 - 감사 말 : 대표이사 - 행사종료 멘트 : 주최사 공식사회자	
귀 가	기념품 배부	13 : 20~	· 퇴장 시 행사장 입구 도열 · 네임텍 카드 교환권으로 사용 · 임직원, 도우미 인사 · 주차장 안내	

음료는 테이블에 사전에 준비되는 정찬식의 테이블 서비스가 아닌바 서비스bar service로 설치하여 고객이 원하는 음료와 주류를 주문하게 한다. 요리의 종류는 찬 요리cold food, 더운 요리hot food, 일식, 샌드위치, 과일, 빵, 마른안주 등 메뉴assorted, 후식dessert 정도가 서비스된다. 칵테일 리셉션에 어울리는 공연은 너무 무겁지 않게 현악 3중주를 많이 사용하는데, 피아노가 있다면 훨씬

격조가 높아진다. 최근에 들어 퓨전국악이나 재즈보컬이 강세를 보이고 많이 선호하고 있다.

리셉션이 끝나면 공식행사가 시작되는데 공식사회자에 의해서 진행된다. 공식사회자는 자체적으로 하거나 전문사회자 또는 유명사회자 3가지 형태가 있다. 보통 전문사회자가 진행하는데, 만찬의 축하공연에서 별도로 연예인 사회자가 준비되는 경우가 많으므로 전문사회자가 공식행사를 진행한다. 신제품 전시회의 전문적인 내용을 사전에 파악하고 시나리오를 제공하여 진행에 완벽을 기한다. 공식행사 일정에 맞게 식순을 진행하고 신제품 경과보고 및 설명은 기업 내 자체적으로 운영한다.

신제품 전시는 본 행사에 해당하는데 자연스럽게 전시부스를 오픈하는 경우도 있지만 행사의 효과를 위하여 별도로 공간을 배치하여 전시장을 꾸미고 전시장 시연을 위해 입장하기 전에 오픈 이벤트를 구성하는 것이 일반적이다. 신제품에 대한 영상물 제작과 특수효과, 효과음악을 배경으로 무대 전면에 장치를 한다. 신비적이고 무언가 기대되는 분위기를 조상하고 오픈 이벤트를 개시한다. 고객들에게 환호성을 유발케 하고 신제품에 대한 구매의욕을 느끼게 하거나 다른 사람에게 말하고 싶게끔 하는 목적에 부합하는 이벤트가 준비되어야 한다.

S사가 기획한 C사의 얼음정수기 신제품 출시 이벤트를 예를 들어 보면, 이벤트 장소는 신라호텔 다이너스트 홀이었고, 참가 인원은 약 800명 정도였다. 이벤트 장소가 길게 늘어진 형태이므로 전면에 무대 장식을 돋보이게 하였고, 정수기라는 제품의 특성을 살려 오픈 이벤트 후 실제로 행사장 전체에 설치해 놓은 100여 대의 정수기에서 실제 참석한 고객들이 체험하는 내용이었다. 행사장에 설치한 정수기는 모두 보이지 않고 고객들이 전혀 눈치 채지 못하게 커튼을 사용하여 벽면처럼 느껴지게 하였으며 무대전면에 정수기는 무대 밑에 설치하여 역시 안보이게 하고, 특정시간에 위로 솟아올라오게 하여 깜짝 놀라게 하는 콘셉트였다. 즉 고객들은 행사장에 들어설 때 신제품

전시회가 아닌가하는 생각이 들게 하고, 이벤트로 분위기를 급전환하여 강력한 충격을 주는 '신비와 파워'가 이벤트의 핵심 요소였다.

감추어 있던 정수기가 특수효과와 영상, 화려한 레이저 쇼와 함께 어우러져 라인로켓 발사에 이은 이탈 장치가 Q에 맞게 등장을 한다. 이때 세련된 도우미가 무대 전면에서 워킹을 하고 고객에 다가서며 주위에 있던 벽면 커튼 역시 이탈되어 전체의 제품이 조명이 밝아짐과 동시에 드러나게 된다. 고객의 탄성과 놀라움이 이벤트의 극적 효과를 가져왔고, 이어 고객이 직접 체험하는 시간을 가졌다. 그리고 만찬 식사시간에는 행사 콘셉트와 어울리는 전자 현악팀의 공연이 고조된 분위기를 유지하며 즐거움과 행사 이미지를 향상시켰다.

3) 컨벤션(국제회의 중심)

연회장 임대이벤트에서 가장 비중 있게 다루어야 하는 것 중에 하나가 컨벤션이다. 컨벤션은 주로 호텔에서 열리고 PCO라는 국제회의기획업체에 의해 준비되어 호텔의 숙박, 식음료 등을 전체적으로 계약하며 약 1주일 정도 긴 이벤트를 수행한다. 컨벤션은 국제회의, 전시, 공연을 포함하는 이벤트 범주로 호텔이벤트에서 중요성이 날로 커지고 있다. 컨벤션은 이벤트이면서 만찬이라는 내용 속에 또 하나의 공연이라는 실무적인 이벤트가 들어 있는 이벤트 속의 이벤트라고 할 수 있다.

컨벤션은 우선, MICE산업의 개념 범주에서 살펴보아야 한다. MICE산업은 지역경제의 신성장 엔진산업으로 인식되어 한국정부의 국정 핵심과제인 신성장 동력산업 3대 분야 17개 과제 중에서 고부가 서비스산업으로 MICE 융합 관광산업이 선정된 바 있다. MICE산업은 회의meeting, 포상관광incentive travel, 컨벤션convention, 전시회exhibition의 머리글자를 딴 것으로 BTbusiness travel 산업으로 불리기도 한다. 쉽게 말해서 단순관광이 아니라 상품, 지식, 정보 등을 교류하기 위해서 다양한 국가에서 수많은 사람이 모여서 회의, 전시회를 열고 이벤트를 벌이며 관광도 하는 것을 의미한다.

컨벤션을 정의하면, “컨벤션은 모든 회의(기업회의, 협회회의, 정부회의)와 이와 수반되는 전시(단독 무역전시 역시 컨벤션의 범주에 들어감) 및 각종 행사(이벤트)를 매개체로 사람과 사람의 만남, 사람과 물건의 만남을 만들어내는 통합시스템이다”라고 할 수 있다. 또한 “특별한 목적을 가진 사람들이 사람이나 물건을 통해 그 욕구를 충족하는 장(場)을 만들어내고, 그것이 인간간의 유대를 위한 것이거나 사업적 목적을 가진 것이거나 서로 상호작용을 일으키는 것이 컨벤션이다”라고도 그 의미를 설명할 수 있을 것이다.

국제회의에서 컨벤션기획사는 중요한 역할을 하는데, 기획사planner, 회의기획가meeting planner, 회의디자이너meeting designer, 컨설턴트consultant, 회의총괄진행자 등으로 다양하게 불린다. 컨벤션기획사는 국제회의를 기획, 운영하고 국제회의 관련 모든 업무를 담당하는 전문가를 말한다. 우리나라도 2002년 국가기술자격시험 전문사무분야 신설종목으로 채택되면서 국제회의, 호텔, 관광, 전시까지 확장된 개념의 전문인력인 컨벤션기획사로 명칭되었고, 국제회의 유치, 기획, 준비, 진행 등 업무를 조정 운영하고 회의목표 설정, 예산관리, 등록, 기획, 계약, 협상, 현장관리, 회의평가 등의 업무를 수행한다.

표 3•4 국제회의 프로그램

<table>
<tr><th>구 분</th><th>전 날</th><th>첫째 날</th><th>둘째 날</th><th>셋째 날</th><th>넷째 날</th></tr>
<tr><td rowspan="3">오 전</td><td rowspan="4">등 록</td><td>등 록</td><td rowspan="3">워크숍</td><td rowspan="3">전체회의</td><td rowspan="2">전체회의</td></tr>
<tr><td>개회식</td></tr>
<tr><td>전체회의</td><td>폐회식</td></tr>
<tr><td>식 사</td><td>오 찬</td><td>오 찬</td><td>오 찬</td><td>오 찬</td></tr>
<tr><td>오 후</td><td>회의 전 관광</td><td>분과회의</td><td>동반자
프로그램</td><td>분과회의</td><td>선택관광</td></tr>
<tr><td>저 녁</td><td>환영리셉션</td><td>칵테일파티</td><td>나이트투어</td><td>환송파티</td><td></td></tr>
<tr><td colspan="6">전 시</td></tr>
</table>

컨벤션은 수년간의 유치과정과 추진되는 시간이 필요한데, 컨벤션센터나 호텔, 관광의 형태로 나타나는 실제 국제회의의 실행단계에서 호텔이벤트와 관련된다. 전문기획사들과 주최자, 진행요원 및 관련스텝들이 만들어 내는 한편의 종합예술이다. 회의장 세팅을 시작으로 사전 등록자 체크, 그리고 회의, 사교 프로그램으로 이어지는 그야말로 일주일간의 전쟁인 국제회의가 이벤트로 호텔에서 펼쳐지는 단계이다.

〈표 3-4〉의 프로그램 예시는 국제회의 행사의 실제 프로그램으로써 대표적인 내용들을 보여준다. 호텔에서 열리는 컨벤션의 프로그램으로 호텔 내부에서 개최하는 이벤트와 이와 관련된 투어tour가 포함된다.

① 등록(registration)

행사 참가자에 대한 공식 확인 절차로서 참가비를 받고 회의 관련 자료를 제공한다. 회의운영의 재정적 원천이며, 사전등록pre-registration과 현장등록on-registration으로 나뉜다.

② 회의 전 관광(pre tour)

회의 전 미리 도착한 참가자들을 위하여 편성하는 프로그램으로 개최지에서 멀리 떨어져 있는 원거리 여행이 많지만, 그렇지 않은 경우도 있다.

③ 환영리셉션(welcome reception)

회의 시작일이나 그 전날밤 열리는 환영리셉션은 서먹한 분위기를 바꾸기 위해 자주 이용되는데, 소요경비는 스폰서의 협찬을 받기도 하고 주최측이 지불하기도 한다.

④ 개회식(opening ceremony)

공식행사 중 가장 중요하고 빛나는 행사로서 회의 첫날 진행되는 것이 보통이며, 본회의 개시 전날 오후 환영리셉션과 동시에 개최하기도 한다.

⑤ 전체회의(plenary session)

general session이라고도 하며, 참가자 전원이 참석하는 회의로 주제와 관련하여 폭넓은 분야를 두루 다룬다. 회의에 따라 1~2회 또는 매일 첫 시간을 전체회의로 배정한다.

⑥ 오찬(luncheon)

점심식사를 의미하며 다양한 국가의 참가자들을 위해 뷔페buffet service로 진행되기도 한다.

⑦ 분과회의(concurrent session)

같은 시간대에 서로 다른 주제를 다루는 여러 개의 소집단 회의가 동시다발적으로 진행된다.

⑧ 칵테일파티(cocktail party)

이른 저녁이나 저녁식사를 대신해서 열리는 칵테일파티는 참가자들의 사교나 휴식을 위해 칵테일과 함께 간단한 음료, 스낵 등도 제공된다.

⑨ 워크숍(workshop)

전체회의의 일부로서 훈련목적의 회의이다. 특정 문제나 과제에 관한 새로운 지식, 기술, 통찰방법 등을 교환한다.

⑩ 동반자 프로그램

회의 참가자와 함께 온 가족, 친구, 동료 등 동반자를 위해 마련되는 프로그램으로 시내 관광, 김치 만들기, 태권도 배우기 등 다양한 프로그램이 진행된다.

⑪ 나이트 투어(night tour)

회의나 행사가 끝난 밤 시간대를 이용해 야경, 시내관광 등을 주로 하는데,

참가자와 동반자 모두 참여가 가능한 관광 프로그램이다.

⑫ 환송파티(farewell party)

주로 회의 마지막 날 밤이나 그 전날 밤에 회의의 성과를 축하하고 친목을 도모하는 뜻에서 열리는 파티이다. 만찬과 함께 전통예술 공연이나 연예인의 축하 쇼 등이 수반된다.

⑬ 폐회식(closing ceremony)

회의 성과 및 채택된 사항을 요약 발표하고 차기 개최지를 소개하며, 회의 종료를 공식 선언하는 절차이다. 회의 규모나 일정에 따라 생략할 수도 있다.

⑭ 선택관광(optional tour)

산업시찰이나 개최국의 전통문화 체험 같은 투어 프로그램으로 옵션 형태로 추가요금을 지불하는 것이 선택관광이다.

⑮ 전시(exhibition)

전시회에는 전문 전시회와 종합 전시회로 나누어지는데, 컨벤션에서는 회의 주제와 관련한 전문 전시회가 주로 열린다.

4) 전시회

전시exhibition를 정의하면 "광고와 마케팅이 최고도로 집약 발전된 첨단산업으로 특정제품을 특정장소에서 일정기간 동안 홍보와 마케팅 활동을 함으로써 관람객에게 경제적 목적을 달성시키는 광의의 경제활동"이라고 할 수 있다.

국제회의에서 전시는 컨벤션의 부대행사적인 성격을 가지고 별도의 대규모 전시회는 호텔보다는 컨벤션센터에서 열리는 것이 보통이다. 산업전시회와 문화적 성격의 특별전시회의 두 형태로 구분할 수 있다. 호텔에서 열리는 독자적인 전시회도 있는데, 컨벤션센터를 갖춘 호텔에서 개최되거나 컨벤션 센터가 인접한 호텔이 선정된다.

전시전문가는 전시회의 운영자organizer와 커뮤니케이션을 통해 클라이언트의 부스booth를 전시회의 참가목적에 맞게 실제 기획, 디자인, 설치 및 운영하는 전문가를 말한다. 전시회가 기업체들의 마케팅 기법으로 새롭게 각광받으며 전 세계적으로 증가함에 따라 전시 전문가의 수요도 늘어나고 있다. 전시 기획자의 주요업무는 전시회 아이템 선정에서 예산수립, 마케팅, 자료제작, 부스 디자인 및 설치, 전시회 사전/사후 마케팅, 광고, 홍보, 행사장 운영, 인력관리, 전시회 성과분석, 사후관리까지 이르기까지 하나의 전시 타이틀의 총괄적인 프로젝트를 담당한다.

전시회에서 여러 가지 요소가 중요하지만, 특히 디자인이라는 부분은 다른 어떤 산업보다도 전시에서 가장 중요하다. 실제 참가하는 업체가 부스형태로 표현되고 참가자는 동선에 따라 이동하며 상담을 진행하는 것이기 때문이다. 또한 각 업체는 자신들의 부스가 노출되게끔 디자인에 주력하게 된다. 기본적인 조립부스의 형태가 아닌 독립부스나 변형부스로 고급스럽게 디자인하게 되며, 전시 기획자는 이를 통합한 전체적인 테마 존 구성을 디자인 하고 사전등록 접수를 받는 과정으로 이어지는 것이다. 전시시설은 참가자의 목적에 따라 규모, 내용, 예산 등이 다르지만 주어진 조건 속에서 디자인을 어떻게 할 것인가를 관계 스텝이 검토해서 결정하는 과정을 거친다.

전시시설의 디자인 설계과정을 세부적으로 살펴보면, 사전에 전시 목적, 콘셉트, 전시구성, 연출, 일정, 예산을 확정해야 하는데 전시회를 완성해 가는 하나의 과정이라 할 수 있다. 전시 디자인 설계과정은 다음과 같다.

① 전시 개요의 명확한 파악이다

- 전시기간, 장소, 주제, 기획의도, 전시구성, 전시목적, 기대효과 등에 파악이다.

② 전시 콘셉트를 설정한다

- 콘셉트를 도출하는 것으로 전시 주제를 좀 더 쉽고 명확히 형상화한다.
- Zone 별로 콘셉트를 부여해서 전개한다.
- 콘셉트의 전개도 작성

③ 전시구성을 한다

- 전시장 구성 콘셉트를 정한다. 전시내용을 관람객에게 효과적으로 전달하는 개념이다.
- 전시 전개방향을 결정한다. 첨단기법인 멀티미디어로 전시를 표출할 것인지에 대한 것이다.
- 전시 연출기법을 설정한다. 체험적 구성과 차별적인 연출을 이루어낸다.
- 시나리오를 구성한다.

④ 전시구성 계획을 진행한다

- 전시장 구성 콘셉트를 주제화한다.
- 전시장 구성 개념도를 작성한다.

⑤ Zone 별 연출계획을 한다

- 입구 연출, 전시장 연출
- 연출 포인트로 특수효과 사용을 고려한다.
- Pre Show의 연출계획을 잡고 시간을 결정한다.

⑥ 운영방안의 설정이다

- 운영의 개념과 요소를 계획한다.
- 동선관리(접근, 입 · 퇴장, 관람, VIP)
- 관람객 서비스(인포메이션, 편의시설 등)
- 의전(VIP, 대응, 언론접촉)

- 운영요원(선발, 배치, 교육, 유니폼계획)
- 주제관 관리(시스템, 안전)

⑦ 추진일정을 잡는다

- 기획안 확정
- 기본설계 확정, 실시설계 확정
- 소프트웨어 제작
- 전시자재 및 장비 수급
- 운영매뉴얼 작성
- 인력수급
- 전시관 설치 및 구성
- 최종점검, 실행, 평가 및 결과보고

가장 일반적인 전시회의 기초 실행 프로그램을 소개하면 〈표 3-5〉와 같다.

표 3•5 전시회 프로그램

구 분	항 목	내 용	비 고
장소 섭외	전시회 장소	· 호텔 : 서울시내 특1급호텔 등 · 대형전시장 연계 : 코엑스(태평양관, 대서양관, 인도양관) 서울무역전시장, 부산 벡스코, 대구 엑스코, 킨텍스 등 · 기업홍보 및 제품판촉을 위한 전시행사 연계(일반 가두형)	
부스 운영	부 스	· 부스기본 규격 : 9㎡(3×3) · 독립부스와 기본부스로 구분	위치 중요
	독립부스 (인테리어 부스)	· 신청한 부스크기의 전시장소만 임대 · 통상 4개 부스 이상 운영 시 독립부스 신청 · 부스는 전문 부스디자인 업체를 섭외하여 인테리어 · 장단점 : 부스제작 비용이 많은 것이 단점이나 인테리어 부스로 인해 다른 경쟁업체의 부스와 차별화하고 홍보를 증대시키는 효과 · 대부분 대형업체가 경쟁적으로 독립부스를 활용	

	기본부스	· 알루미늄 프레임과 간이벽을 이용해 설치한 일반적인 부스 · 책상, 의자, 조명등, 전화기, 카펫 등은 기본 제공 · 3개 부스 이하 운영 시 기본부스로 신청 · 장단점 : 비용이 저렴하나 디스플레이를 강화 필요 · 부스 및 부대시설에 이용 관련 사항을 해당 테마전시회 사무국에 문의 · 부스임대 가격과 부대시설(전기, 전화, LAN 등) 이용요금은 전시회별로 약간씩 차이가 있음	
인력 운영	도우미	· 도우미는 가급적 운영 · 도우미 섭외 시 의상, 식대를 포함한 인건비를 확인하여야 하고 필히 면접을 실시하여 선발 · 이벤트를 진행하지 않을 경우 1~2명이 적합	
	진행요원	· 이벤트를 진행할 경우 필요 · 회사직원이 병행 가능	
이벤트	게 임	· 보통 공간을 많이 차지하지 않는 참여형 행사로 구성 · 데모쇼, 퀴즈게임, 다트게임, 룰렛게임, 주사위게임, 미니농구 등 · 소규모로 참여하는 테마전시회의 경우에도 간단한 이벤트는 필요	
	캠페인	· 사회적 관심을 불러일으킬 수 있는 주제	
	전단배부	· 일반홍보 전단 · 추첨권 및 응모권을 인쇄해 넣은 전단 등	
	사은품 증정	· 특별 제작한 기념품, 판촉물 등	

* 전시회에 참가한 업체의 운영 프로그램임

전시회에 있어서 시공은 디자인 설계와 마찬가지로 직접적인 공사개념으로 다른 이벤트에서는 찾아볼 수 없는 독특하고 중요한 부분이다. 전시시설의 공사는 설계도의 사양서를 기본으로 많은 재료와 각 분야의 전문 기술자와 복잡한 작품공정을 정해진 기간까지 조합시켜 완성하는 종합적인 활동이다.

공사에는 제작과 시공이 있는데, 제작은 주로 공장과 스튜디오에서 만들어 해당 장소에 장치하여 완성하는 것이고, 시공은 장치완성된 것을 필요 장소에 재료를 반입하여 현장에서 작업을 하여 완성하는 것이다.

전시시설의 디자인 설계에 있어 유의점은 다음과 같다.

① 전시시설 주변의 상황인식이다.
② 규모, 기간, 예산에 맞는 소재의 선택이다.
③ 폭넓은 전시연출 기술의 선택이다.
④ 효과적인 예산의 활용이다.

박람회 파빌리온pavilion 전시시설의 공사내용을 예를 들면 다음과 같다.

표 3•6 전시회 시공내용

공 사	내 용
기본공사	바닥면, 벽면, 천정, 전시 스테이지 등의 내장공사, 외장공사 등
정보전달 관련공사	모형, 파노라마, 사진, 도표, 설명 판넬, 사인, 음향, 영상, 조명 등
장비, 설비관련	전시품 회전장치, 기계 제어장치, 전기설비, 급배수, 설비 등
수경, 환경 연출	장식, 식재, 화단, 분수, 환경연출, 조형 등

5) 공연이벤트

연회장 임대이벤트에서 가족행사, 일반 행사, 컨벤션에 이어 공연이벤트가 있다. 이벤트 기획사가 연회장을 임대하여 공연 프로그램을 제공하는 것인데, 일반적으로 특정일을 겨냥한 단기적인 공연이벤트가 주를 이룬다. 기획사 입장에서 호텔보다는 외부의 공연장에서 장기적으로 공연을 하는 것이 투자대비 수익성을 좋게 하는 것이기 때문이다. 공연에 대한 투자비용은 다른 이벤트와는 달리 제작비용과 광고홍보비, 인력운영의 비용이 들어감으로 이익관리가 중요하다.

공연이벤트를 이익관리의 위험에도 호텔을 선호하는 이유는 호텔의 이미지를 내세워 고급화된 공연을 제공함으로써 반대로 안정적으로 이익을 창출할 수 있다는 기대가 있기 때문이다. 보통 주말을 포함해 2~3일 정도 하루에 2회 공연으로 총 5회까지 이벤트를 개최해서 공연 가동률을 최대한 끌어올린다.

공연의 개념을 정리하면 '무대에서 공연되는 모든 형태의 예술'을 공연예술이라고 할 수 있다. 무대와 같이 공개된 자리에서 연주, 상연, 가창(歌唱)되거나 그 밖의 방법으로 연출되는 음악, 무용, 연극 등 기타 예술적 또는 오락적 관람물을 말한다. 공연예술은 인쇄할 수 있는 문학과는 달리 무대 위의 공연자를 통해 공연되는 동안만 존재하다가 공연이 끝나면 없어져버리는 일회적인 예술이라 할 수 있다.

즉 무대라는 공간적 제약과 공연시간이라는 시간적 제약, 그리고 제작상의 여러 가지 제약 때문에 그대로의 재현은 불가능하므로 가장 적합하고 적절한 표현기법이 요구되는 예술이다. 특히 대표적인 공연예술인 연극은 무대장치(미술), 조명, 음향효과, 안무, 음악 등 인접하는 여러 예술의 참여를 필요로 하기 때문에 종합예술이라 할 수 있다. 오늘날에는 육체 그 자체로 표현하는 행위예술을 공연예술에 포함하기도 한다.

공연의 상품으로서 특징을 살펴보면, 공연산업은 서비스상품, 비대체성, 흥행성 등의 특징을 가지는데 공연장을 매개로 하여 생산과 소비가 동시에 이루어지는 서비스 상품적인 성격인 것이다. 반복적인 경험을 통해 일정한 기호로 형성될 때 비로소 소비가 시작되는 경험재의 성격을 가지며, 공연에 대한 기호가 후천적으로 개발되고 교육이 되기 때문에 공연상품은 타상품에 쉽게 대체되지 않는 비대체성의 특징이 있다 하겠다.

또한 산업으로서의 특징은 성공확률은 낮으나 한 번 성공하면 높은 수익이 보장되는 투자비용 대비 성공확률이 낮은 고위험 산업이기 때문에 투자위험을 줄이기 위해 과거 히트작품을 다시 제작하는 경우가 많다. 하나의 공연작품이 타 문화산업에 다단계로 걸쳐 활용되는 멀티효과의 창구이며 공연예술 활동이 중소도시보다 대도시에 집중된다.

문화이벤트로서의 공연예술은 지방 자치단체의 예산부족, 기획부족, 주민참여부족 문제를 근본적으로 해결하고 지역을 대표할 수 있는 상징 발굴, 관광수입 등 부대수입으로 예산확충, 지역행사로서 지역주민들에게 성취감, 주인의식을 고취시키는 관광이벤트인 것이다. 예를 들면 콘서트, 연극, 무용제, 음악회, 오페라, 뮤지컬이 그것이다.

공연제작 과정은 초기 기획단계, 기획단계, 세부기획단계, 실시단계, 정리단계를 거치는데 〈표 3-7〉과 같다.

표 3•7 공연 제작과정

단 계	내 용
초기단계	· 다양한 공연목적인 영리, 명성 등에 맞게 이미지와 콘셉트를 구상하여 기본 틀을 구성 · 사업성, 독창성, 예술성, 시장여건, 극장여건 등
기획단계	· 관계자들이 모여서 정확한 제작방향과 규모를 결정하고 예산을 수립 · 음악 대본을 창작하고 관련 전문 인력을 선정
세부기획단계	· 출연진 및 의뢰인과 계약을 하고 섭외, 마케팅, 리허설 등 · 철저한 예행연습을 통해서 완성도 높은 공연 준비
실시단계	· 무대시스템 최종점검을 한 후 무대에서 공연
마무리단계	· 공연 후 정산, 결산 등 마무리 작업 · 평가 작업

공연기획사는 호텔의 장소 선정, 계약, 세팅 준비도 중요하지만 공연에 참가하는 무대의 주인공인 출연자 계약이 더욱 중요하다. 공연물의 계약을 의미하고 보통은 출연자를 의미한다. 유명 출연자의 경우 사전 섭외가 어렵고 미리 계약을 하지 않으면 공연 제작 자체가 무산되고 호텔이벤트로서 자격을 갖추지 못하게 되는 것이다. 출연계약서 양식을 소개하면 다음과 같다.

출연 계약서

(주)○○○공연기획사(이하 "갑"이라 칭함)와 ○○○(이하 "을"이라 칭함)는 ○○○공연에 공연자로 ○○○(이하 "병"이라 칭함)의 출연에 관하여 다음과 같이 계약을 체결한다.

제1조(계약의 목적) "을"은 "갑"의 공연을 수행하기로 하고 이에 대하여 "병"의 출연에 대하여 "갑"이 "을"에게 그 대가를 지급하기로 함에 있어 "을"은 필요한 제반사항을 갖추어 "병"의 출연에 지장이 없도록 정함에 있다.

제2조(공연개요) 2-1. 공연명 : ○○○
2-2. 행 사 일 : ○○○
2-3. 행사장소 : ○○○
2-4. 출연시간 : ○○○

제3조(업무 내용) "을"이 수행하여야 할 목적은 다음과 같다.
3-1. "병"의 출연에 대하여 책임을 지며 "갑"과 정하는 시간에 출연할 수 있도록 책임을 다한다.
3-2. "을"은 "병"의 출연진을 ○명으로 구성한다.
3-3. "병"의 출연 시 사전에 약속한 출연자 및 ○○, ○○을 준비한다.

제4조(의무) 4-1. "갑"과 "을"이 합의하여 작성한 계약서상의 내용을 기본으로 하되 필요시 "갑"은 "을"과 협의 후 업무 내용변경을 요청할 수 있다.
4-2. "갑"은 "을"이 공연을 원활히 할 수 있도록 지원하고 이와 관련된 "을"의 업무에 대하여 관리, 감독할 권리를 지닌다.
4-3. "갑"은 "을"에게 숙박(○일), 식사(○식)를 제공한다.

제5조(계약기간) 계약기간 : ○년 ○월 ○일부터 ○년 ○월 ○일까지로 한다.

제6조(계약금 및 지급방법) 6-1. "갑"이 "을"에게 "병"의 출연을 대가로 "을"에게 지급하여야 할 금액은 금○○○원(₩○○○)으로 한다.
6-2. "갑"은 계약 후 ○일 이내에 "을"에게 금○○○원(₩○○○)을 지급하고 행사 종료 후 ○일 이내에 잔액 금○○○원((₩○○○)을 지급한다.
6-3. 출연료 지급방법은 온라인 송금으로 하며 출연료의 일부를 원천징수한다.

제7조(계약의 해지) "갑"은 "을"이 본 계약을 성실하게 수행하지 않을 경우 "을"의 동의 없이 계약의 전부 또는 일부를 해지할 수 있으며, "병"이 특별한 사유 없이 출연에 응하지 않을 경우 출연료의 두 배 이상의 위약금을 청구할 수 있다.

제8조(양도금지) "을"은 "갑"의 사전 승인 없이 본 계약의 권리, 의무를 제3자에게 양도할 수 없다.

제9조(계약의 해석) 본 계약에 명시되지 아니한 사항 및 계약 해석상에 대하여 이의발생 시 상관례에 따라 쌍방의 합의로 정한다.

제10조(기타) 10-1. 본 계약에 대한 소송은 "갑"이 속한 관할 법원으로 한다.
10-2. 업무에 관한 세부사항은 첨부하여 그 내용을 본 계약에 포함한다.

본 계약은 계약 체결일로부터 성립되며, 이를 증명하기 위하여 계약서 2부를 작성하여 "갑"과 "을"이 서명 날인하고 각 1부씩 보관한다.

○○○○년 ○월 ○일

"갑" ○○○○○○○○○
주식회사 ○○○○ 대표이사 ○○○ (인)

"을" ○○○○○○○○○
주식회사 ○○○○ 대표이사 ○○○ (인)

계약 담당자 : "갑" (주)○○○공연기획사 ○○○
"을" ○○○

국제회의

호텔 신차발표회

디너쇼

04 | 영업장이벤트

호텔이벤트에서 영업장이벤트는 호텔 상품별 이벤트라고도 할 수 있다. 호텔에서 객실, 식음료, 연회, 웨딩, 케이터링은 하나의 장소개념이면서도 상품 그 자체적인 성격을 지닌다. 최근 들어, 서로 믹스되어 복합적인 상품의 성격을 띠고 있지만 영업장별 호텔이벤트를 살펴보는 것은 호텔이벤트를 이해하는데 도움을 준다.

1) 객실이벤트

호텔에서 객실수입은 호텔경영에서 가장 큰 비중을 차지한다. 최근 호텔기업은 객실 수입 외에도 식음료, 연회 등에 많은 비중을 두고 있지만 이익 기여도에 있어 객실이 가장 높다. 객실상품의 특성이 당일 판매하지 않으면 가치가 소멸하는 시간적, 장소적 제약을 가진다는 특징이 객실이벤트를 준비할 때 고려되어야 한다.

어느 호텔이나 객실은 기본적으로 구비되어 있고 제약된 특징이 있으며 고객의 관점에서 객실의 부가적인 차별성을 강조하거나 연계된 장점을 묶어 판매하는 경향이 짙다. 호텔은 객실의 분위기, 서비스, 이미지, 편의성 등을 소프트웨어적으로 상품화하는 객실이벤트를 추구하고 있다. 일반적으로 객실이벤트는 객실위주의 패키지가 선보이는데, 이것은 호텔의 전체적인 패키지 상품과는 다소 차이를 보인다.

객실이벤트는 고객의 구매동기를 유인하는 요소를 포착하여 상품을 구성하게 되고 다음과 같은 형태를 보인다.

① package plan
② 허니문honeymoon
③ 호텔 외부의 특별행사 접촉
④ 전국단위 행사에서 객실의 필요성
⑤ family plan
⑥ 상품권

객실이벤트의 패키지는 주로 계절별로 기획되는데 봄에는 허니문, 패밀리, 꽃동산축제, 여름은 summer 패키지, 해변 상품, 레저 이벤트, 투숙고객 사은 프로그램, 가을에는 단풍축제, 비즈니스 레저, 허니문, 패밀리 겨울에는 윈터 패키지, 스키, 정기고객 우대 프로그램 등이다. 과거에는 호텔의 비수기정책으로 패키지가 운영되었으나, 최근에 와서는 호텔의 특성을 살린 차별화된 이벤트 상품이 선보이고 있다. 건강 패키지로 스파spa, 미용aesthetic이 최근 각광을 받고 있고 골프, 레저, 스포츠, 여행 요소와 믹스되어 이벤트 상품화 되고 있다.

객실이벤트는 비즈니스호텔에서 강세를 보이는데, 주요 특1급호텔의 객실이벤트 사례는 〈표 3-8〉과 같다.

표 3•8 객실이벤트

호 텔	내 용	비 고
그랜드하얏트	· AUTUMN IN THE CITY PACKAGE - 선선한 가을바람과 함께 자연을 만끽하며 여유로운 주말을 계획할 수 있는 '남산愛 가을 패키지'를 선보임 - 복잡한 주중의 일상에서 벗어나 주말의 여유로운 시간을 즐길 수 있음	· 기간 : 9월 3일(금)~11월 28일(일) - 금, 토, 일요일에만 숙박 가능 · 가격 : 189,000원부터(세금 및 봉사료 별도)

호 텔	내 용	비 고
그랜드하얏트	· 포함내역 - 그랜드 룸에서의 1박 - 제이제이 델리의 피자와 2잔의 음료가 담긴 피크닉 세트(테이크아웃만 가능) - 호텔 제작 고급 피크닉 매트 - 체육관 및 수영장 무료 이용 - 사우나 50% 할인 - 이태원과 명동으로 무료 셔틀버스 운행	
	· Summer Awaken Package(서머 어웨이 큰 패키지) - 도심 속 리조트에서 즐기는 낭만 가득한 여름휴가, '서머어웨이큰 패키지'	
	· Amour Package(로맨스 패키지) - 아름다운 사랑의 추억을 위한 뉴 로맨스 패키지	
	· Balance Package(밸런스 패키지) - '더 스파'에서의 트리트먼트를 하루의 숙박과 함께 경험할 수 있는 기회	
웨스틴조선	· 2010 로맨틱 스위트 패키지 - 사랑하는 연인과 특별한 하루 - 그녀를 위한 화장품 선물과 플라워 그리고 와인 - 스위트룸에서 그 행복하고 달콤한 분위기 · Romantic Royal Suite - 가격 : 1,000,000원 - 혜택 : 로열 스위트 룸 1박 - 객실 내 과일, 초콜릿 및 와인(Half Bottle) 제공 - 에스티로더 '베스트 스킨케어 & 메이크업' 7종 트래블 패키지 및 엑스트라 인텐시브 UV 프로텍터 제공 - 격물공부 로맨틱 플라워 제공 · Romantic Junior - 가격 : 350,000원 - 혜택 : 주니어 스위트 룸 1박 · Romantic Suite - 가격 : 450,000원 - 혜택 : 이그제큐티브 스위트 룸 1박	· 기간 : 9월 1일(수)~9월 30일(목)

	· 쇼핑 앤 더 시티 패키지 - 스타일리시한 여성을 위한 휴가! - 발레 파킹 서비스로 시작되는 여유로운 쇼핑과 선물, 패이야드에서 즐기는 애프터눈 커피와 케이크까지	
	· 헤븐리 러브 패키지 - 헤븐리 침대와 침구가 주는 천상의 휴식 - 특별한 가격으로 헤븐리 이불과 베개를 함께 만날 수 있음	
	· 베이비 샤워 패키지 - 너무나 특별한 아기의 탄생을 축하하는 특별한 파티 - 베이비 샤워란 임신한 친구의 순산을 기원하며 열어주는 파티. 이때 친구들은 아기 용품을 선물해 주면서 부담을 덜어 주기도 하고 여러 가지 조언도해 주는 자리	

* 2010년 시행 프로그램임

2) 식음료이벤트

식음료란 음식food과 음료beverage의 합성어로서 고객에게 식욕을 충족시켜 주는 수단으로서 호텔에서 판매하는 상품을 말하며, 식음료 상품은 메뉴와 다양한 형태의 서비스로 이루어져 있고 이 서비스를 통하여 비로소 식음료 상품으로서의 성격을 띠게 된다. 식음료 상품은 요리와 음료라는 제품을 생산하지만 이들이 곧 상품은 아니며 호텔기업의 이미지, 종사원의 적절한 서비스, 분위기 등의 속성이 시스템적으로 또는 유기적으로 통합함으로써 비로소 완전한 상품이 된다(이윤주, 2004).

특히 최근 국내 호텔기업의 경우 객실 중심의 경영에서 식음료 중심으로 전환하는 경향이 두드러지는데, 이러한 추세에 따라 식음료사업은 연회영업을 비롯한 호텔이벤트를 통한 새로운 영업형태를 도입하고 있다(정용해, 2006). 과거에는 호텔에서 식음료 부문의 비중이 사실 낮았고 영업목표가 손익분기점을 유지하거나 최저의 손실을 지키는데 있었다. 객실영업의 보조수단으로 여기어지다 최근에는 호텔기업의 규모 확대와 인식의 변화로 식음료의 중요성이 커지고 숙박의 유무에 관계없이 고객의 촉진을 유도하는 방향으로 전환하기 시작하였다. 호텔기업이 이익의 관리에 신경을 쓰게 되었고, 식음료이벤트는 그 역할이 증대하고 있는 것이다.

호텔이벤트에서 식음료분야는 호텔의 특성상 중요한 기능을 하는데, 외식산업에서 특별행사의 성격을 가지고 있으므로 식음료의 경영활성화는 물론 환대산업의 마케팅을 위한 강력한 수단이 되고 있다.

〈표 3-9〉는 호텔이벤트의 선행연구를 바탕으로 한 특1급호텔의 식음료이벤트의 형태를 보여주고 있는데, 호텔기업에서는 영업이익 개선을 위한 촉진이벤트로 개최하고 있다. 음식이벤트는 계절별로 기획되어 운영되고 있는데 각 영업장의 특성을 살려서 호텔의 요리상품이 이벤트의 중심을 이룬다고 볼 수 있다. 새로운 상품이 선보이는 런칭의 형태와 꾸준한 고객의 반응을 인식한 지속적인 상품, 그리고 타 영업장이나 공연이벤트를 동반한 형태를 보이기도 한다.

음료이벤트는 한국전통차, 와인, 칵케일, 위스키, 맥주 등과 같은 음료상품과 영업장 내의 음악밴드와 분위기를 믹스한 이벤트를 말한다. 음료이벤트는 이익창출 면에서 우위를 보이는 이벤트로 행사의 콘셉트가 중요하다 하겠다.

식음료이벤트는 나라별로 나뉘어져 상품화되고 있는데 중국, 일본, 홍콩 등 각 나라의 특징을 살린 요리상품이 공연과 경품을 동반한 이벤트로 기획된다. 기념일이벤트는 1년 중 발렌타이데이와 크리스마스와 같은 특정 기념일을 겨냥해 식음료이벤트화한 것이다. 할인이벤트는 각 영업장의 상품에 가격할인 정책을 실현하거나 시간대별 등의 이벤트를 포함한다.

여성을 중심으로 하거나 비즈니스맨을 목표로 한 식음료이벤트, 실제로 고객을 참여시켜 체험케 하는 요리교실과 같은 참여이벤트, 그리고 스포츠와 같은 내용과 식음료이벤트를 접목한 영업장 연계이벤트가 있다.

식음료이벤트는 호텔의 특성이나 이미지에 알맞게 명칭을 사용하고 있고 서로 유사한 의미의 이벤트 축제가 개최되고 있다. 계절적 변화나 다른 나라의 풍물과 역사, 음식을 통한 소개 등 다양한 이벤트가 열린다.

표 3•9 식음료이벤트

형 태	내 용
계절별 음식이벤트	· 봄 : 해산물 부페, 가족감사행사, 새봄맞이 특선, 딸기, 봄나물 요리, 영양식단, 신입생, 졸업생 행사 · 여름 : 인삼요리, 여름특선, 냉면, 몽골리안 바비큐, 딤섬특선, 장어요리 · 가을 : 자연송이, 농어요리, 양고기, 가금류, 해산물 · 겨울 : 감사대축제, 눈꽃축제, 한방건강요리, 겨울 특선요리
음료이벤트	· 로얄살루트 & 시가, 르드몽 와인, Summer 칵테일, 각국 Beer, 불란서 와인, 옥토버페스트, 커피칵테일, 한국전통차, 캘리포니아 와인, 칠레와인 · 보졸레누보 와인파티, 연말와인 파티 · 와인수입업체 및 협찬을 통한 와인이벤트
나라별 이벤트	· 일본식 전통요리, 중국식 전통요리, 터키식 요리와 문화, 말레이시아요리, 홍콩음식요리, 시실리아요리, 이탈리안 리조트, 알라스카 해산물요리, 불란서 전통요리 · 민속공연을 동반하기도 하고 경품으로 행운권을 통해 항공권 제공
기념일 이벤트	· 발렌타이데이 특선메뉴, 부활절 특선메뉴, 크리스마스 특선, 입학축하
할인 이벤트	· 더블보너스 대축제, Happy hour, 로맨틱 나이트, 고객사은 특별메뉴, 다이닝 패스포트, 시간별 할인, 델리 런치박스
타깃 이벤트	· 여성고객 우대행사, 큐피드 디너행사, 레이디스 메뉴, 일요 브런치, 점심특선 및 비즈니스 스페셜
참여이벤트	· 요리교실, 공연과 함께하는 아시아요리 축제, 플라워 데코레이션 클래스, 노천카페
영업장 연계이벤트	· 스포츠 추첨, 올림픽 생중계 마케팅, 스키캠프, 월드컵이벤트 등

식음료이벤트는 단기적인 매출증진도 중요하지만 장기적인 목표로 호텔식음료 영업장의 이미지와 고객으로 하여금 구전효과를 통한 호텔기업의 활성화에 있다고 볼 수 있다. 식음료이벤트에서 고려해야 할 사항을 정리하면 다음과 같다.

표 3•10 식음료이벤트 고려사항

고려사항	세 부 내 용
단골고객 사은행사	· 영업장의 VIP에 대한 감사로 이벤트 행사시 할인 등의 기회 제공으로 서비스
재방문 유도	· 이벤트 행사에 대한 내용을 기존 고객에게 사전에 알려 재방문 유도
즐거움 제공	· 일상적인 메뉴보다 특이한 변화로 고객에게 즐거움을 제공 · 일시적인 이벤트가 아닌 고정고객을 창출할 수 있는 호기심 유발의 유인 수단
이미지 업그레이드	· 이벤트를 통해 분위기는 물론 이미지 개선과 인상적인 홍보 효과
식음료의 중요성	· 호텔의 특별이벤트로 할인이나 선물만이 아닌 다른 것 · 주방장 추천 음식으로 푸드 페스티벌, 수익성 창출 · 테마를 가진 촉진 전략 구사(요리와 환상적인 만남)

식음료이벤트는 경영활성화 중요한 수단으로 역할을 한다. 마케팅 수단으로 호텔기업에 수익성을 물론 이미지 제고로 고객을 유인하여 만족을 주고 지속적인 발전을 꾀할 수 있는 것이다. 식음료이벤트의 중요성은 다음과 같다(강용구, 2000).

① 매출증진으로서의 중요성

식음료 영업장에서는 고객의 호기심을 자극할 수 있는 신상품을 개발하여 기존에 판매되는 메뉴 외에 다양한 이벤트 메뉴를 연결하여 매출증진 효과를 가져온다. 외식업체의 궁극적인 목적인 이익 극대화를 추구하기 위한 것이기도 하다.

② 홍보수단으로서의 중요성

광고나 홍보효과를 노려 매출 극대화를 추구하는 이 시대의 호텔식음료 부문에서도 특별이벤트를 통하여 영업장의 이미지 및 상품내용 자체의 홍보효과를 가져올 수 있는 수단으로 매우 중요시되고 있다.

③ 고객증대 방안으로서의 중요성

이벤트 행사를 통한 식음료영업장의 대외 홍보효과는 시장을 개척하는데 큰 영향을 미치게 되고 매출증대와 고객증대 등 장기적인 영업장의 발전을 위하여 상당히 중요한 역할을 하게 되어 다양한 고객의 욕구에 맞는 메뉴 및 적절한 가격 제시와 1대 1 마케팅 전략을 통해 고객 정보를 데이터베이스화하여 고정 고객화에 주력할 수 있다.

식음료이벤트는 메뉴를 중심으로 구성되기 때문에 기본적인 틀은 선행연구에서 살펴볼 수 있지만, 최신의 이벤트는 매년 변화된다고 보아야 한다. 〈표 3-11〉은 식음료 프로모션에서 가장 선두를 달리고 있다고 할 수 있는 하얏트호텔을 사례로 보기로 한다.

표 3•11 최신 식음료이벤트

프로모션	내 용	비 고
A True Taste Of China (더 차이니스 레스토랑)	· 그랜드 하얏트 베이징의 대표 레스토랑인 〈메이드 인 차이나(Made In China)〉의 쉐프를 초청하여 중국 북부지역 전통의 맛을 담은 요리를 선보임 · 〈메이드 인 차이나〉의 오프닝 멤버로 지금까지 활약하고 있는 쉐프더글라스 유는 진귀하고 신선한 재료를 이용한 다양한 메뉴를 소개 · 쉐프 더글라스가 소개할 20가지의 새로운 메뉴	· 기간: 6월 6일부터 · 시간: 12시 ~ 14시 30분, 18시 ~ 22시 30분

프로모션	내 용	비 고
The Paris Grill's Proposal Event (파리스 그릴의 프로포즈 이벤트)	· 반짝이는 불빛과 한강이 이루어내는 멋진 야경을 배경으로 붉은 장미 꽃잎과 캔들로 장식된 테이블에는 연인에게 선물할 프러포즈 부케를 마련 · 파리스 그릴의 정통 유러피언 메뉴로 만찬을 즐기고 난 후, 꽃잎으로 장식된 접시 위에 디저트와 함께 준비한 선물로 연인에게 프러포즈를 하거나 워딩이 새겨진 케이크로 사랑을 고백	· 가격 : 프로포즈 이벤트 150,000원 - 식사 요금은 별도. 사전 예약 시 이용
JJ Deli's Lunch Menu (제이제이 델리 런치메뉴)	· 더욱 넓어진 공간, 세련된 인테리어와 다양해진 메뉴로 새롭게 태어난 제이제이 델리 · 신선한 해산물을 이용한 다양한 샐러드와 깊은 치즈의 맛이 담긴 피자, 오늘의 주방장 추천요리를 맛보며, 여유 있는 오후를 만끽 · 달콤한 후식과 음료, 커피 등. 테이크아웃 가능	· 시간 : 11시 30분~18시 18시~20시

* 2010년 프로모션 내용임

3) 연회이벤트

연회이벤트는 연회장의 가족행사 위주의 구성으로 패키지 형식을 보인다. 가족행사의 종류별로 구분하여 혜택을 주는 조건을 제시하고 고객을 유도하여 이벤트를 추구한다. 연회는 웨딩을 포함하기도 하고 외부로 출장을 나가는 케이터링 서비스를 포함한다. 최근에 와서 웨딩은 호텔기업의 수익에 커다란 기여를 하고 있고 맞춤 서비스라는 장점을 살려 호텔 이미지를 앞세운 케이터링이 활성화되고 있다.

〈표 3-12〉는 가족모임에서 좋은 호평을 얻고 있는 조선호텔 연회 패키지 프로그램을 소개한다.

표 3•12 연회이벤트 패키지

프로모션	내 용	비 고
가족연	· 행복한 미래를 약속하는 약혼식 자리 · 큰 은혜에 보답하는 부모님의 생신연 - 가격 : 60,000원~150,000원(50인 이상) - 메뉴 : 한식, 양식, 중식, 뷔페식 - 특전사항 : ○○병원 건강검진 우대권, 생신연 2단 케이크, 현수막, 헌주용 법주 1병	· 1인 / 세금, 봉사료 별도
돌잔치	· 소중한 우리 아기의 첫 번째 생일 · 특별한 날을 더욱 빛낼 수 있도록 돌잔치 패키지를 마련 - 가격 : 60,000원~100,000원 - 메뉴 : 양식 / 한식 / 중식 / 뷔페(단, 뷔페는 50인 이상) - 돌잔치 특전 : 2단 케이크 제공, 덕담보드 무료 제공, 현수막 무료 대여, 파코라반 남아 턱시도, 여아 드레스 무료 대여 - 돌잔치 행사 시 음식 반입 불가(떡, 과일, 상차림, 음료) - 유아책 'Pat the bunny' 5종 세트 제공	· 1인 / 세금, 봉사료 별도 · 기간 : 3월 1일~12월 31일 · 외부협찬
돌잔치 데코레이션	· animal farm package - 구성 : 돌상 + 배너 + 손님 테이블 인형 & 초 장식 + 입구장식(액자, 인형, 캔들장식, 선물상자 및 소품장식, 덕담카드, 풍선) · oriental package - 구성 : 돌상 + 배너 + 손님 테이블 감사카드 & 초 장식 + 입구장식(액자, 인형, 캔들장식, 선물상자 및 소품장식, 덕담카드, 돌잡이, 풍선) · simple package - 구성 : 돌상 + 배너 + 의자 리본 + 입구 포토 테이블(웰컴 현수막, 액자, 들장식, 소품장식, 배넷저고리, 번호표)	· 가격 : 650,000 / 세금별도 · 가격 : 700,000 / 세금별도 · 가격 : 800,000 / 세금별도

<table>
<tr><th>프로모션</th><th>내 용</th><th>비 고</th></tr>
<tr><td>웨 딩</td><td>· 신랑, 신부를 위한 허니 '룸' 서비스
- 결혼식 당일 또는 전일 무료 1박 제공
· 달콤한 초콜릿, 계절과일 바구니, 와인 무료 제공
· 신랑, 신부 공항 리무진 서비스 제공(김포, 인천공항)
· 신랑, 신부 대기실 무료 사용
· 결혼 1주년 기념 식사권 및 2주년 기념 케이크 쿠폰 제공
· Chosun VIP Club 무료 가입
· 시슬리 7종 여행용 파우치 증정</td><td></td></tr>
<tr><td>상견례</td><td>· 새로운 가족과의 첫 만남, 그 중요성만큼 격식이 필요
· 정갈한 메뉴와 데코레이션으로 품격을 돋보이게 해드림
- 식사 : 스페셜 코스 메뉴
- 가격 : 80,000원 / 90,000원 / 100,000원
- 혜택 : 축배용 샴페인 1병
- 약혼식 진행 시 2단 케이크 무료 제공</td><td>1인 / 세금, 봉사료 별도</td></tr>
<tr><td rowspan="2">출장연회</td><td>· <u>출장 결혼</u>
· 신랑, 신부 두 분만의 특별한 곳에서 시작되는 인생의 아름다운 첫걸음
- 식사 가격 : 50,000원~100,000원
- 출장비 및 기타 상세 비용은 별도 문의
· 신랑, 신부님께 드리는 혜택
- 서울 웨스틴조선호텔 객실 1박 무료 제공
- Chosun VIP Club 무료 가입(300명 이상 시)</td><td>1인 / 세금, 봉사료 별도</td></tr>
<tr><td>· <u>함들이</u>
· 미래를 약속하는 첫 행사, 함들이
· 신부의 가족을 도와 함들이 상차림을 준비해드림
- 가격 : 喜禮(희례) 3,500,000원, 120,000원 메뉴 구성
吉禮(길례) 5,000,000원 200,000원 메뉴 구성</td><td>세금 및 봉사료 별도</td></tr>
</table>

	- 메뉴 : 한식과 뷔페 중 선택 - 혜택 : 20인 식사함 상차림(돗자리, 소반, 병풍, 원앙, 홍보, 시루떡, 보자기, 청사초롱), 함진아비 술상용 안주(오색 안주 및 용기 제공), 수모 별도, 웰컴 드링크	
	· 집들이 · 새로운 보금자리에 들면 친지를 초대하여 대접하는 집들이 · 덕담과 선물로 복을 불어 넣어주는 소중한 분들을 위해 마련 - 혜택 : 20~40인 식사(한식 또는 뷔페 메뉴), 웰컴 드링크, 테이블 꽃장식, 답례 초콜릿 - 가격 : 한식 메뉴(20인 이상 가능) 3,500,000원(120,000원 메뉴 구성) 4,000,000원(150,000원 메뉴 구성) 5,000,000원(200,000원 메뉴 구성) 뷔페 메뉴(40인 이상 가능) 8,000,000원(150,000원 메뉴 구성) 10,000,000원(200,000원 메뉴 구성) - 메뉴는 한식과 뷔페 중 선택하실 수 있음	세금 및 봉사료 별도

* 2010년 패키지 내용임

허니문 패키지(객실 전경)

조선호텔 '나인스 게이트 그릴'

케이터링 서비스

05 스페셜 패키지

패키지 이벤트는 호텔의 상품별 패키지가 주를 이루고 있는 것이 보통이다. 객실을 중심으로 비수기 전략으로 구사되었고, 현재에는 식음료나 연회 이벤트에 확대되어 보편화되어 있다. 패키지라는 개념이 이제는 다른 상품과 연계되어 새로운 상품처럼 호텔에서 흔히 쓰이는 용어가 된 것이다.

전통적으로 호텔 패키지 하면 썸머summer 패키지나 윈터winter 패키지로 객실을 중심으로 상품을 묶고 혜택을 주는 이벤트가 많았다. 객실의 시간, 장소의 제약과 소멸성의 특성으로 호텔의 영업 활성화 대안으로 제시되었다. 연회 패키지라고 하여 가족모임이나 웨딩이벤트를 또한 상품 구성하여 제시하기도 한다. 실제로 현재 호텔의 웹사이트를 분석해 보면 객실패키지, 연회패키지, 웨딩패키지로 구분되어 있는 것이 일반적이다. 그리고 식음료 영업장은 프로모션으로 구분하고 기타 이벤트라 하여 특별이벤트 기획 구성을 선보이고 있다.

호텔이벤트 패키지에서 눈여겨 볼 것은 호텔의 상품을 기준으로 하지만 연계되어지는 혜택의 범위가 점점 확대되어간다는 점이다. 전통적인 패키지가 단순히 호텔 상품별 중심이었다면 좀 더 확대된 패키지는 호텔 내부의 각 기능을 종합적으로 믹스하고 있다. 이러한 패키지를 스페셜special 패키지라고 할 수 있고 더욱 고객에게 만족을 줄 수 있게 발전시켜야 한다. 여기서 더욱 확대되어 호텔 외부와의 연계된 패키지는 연계 패키지라고 하여 호텔의 숙박, 식음료 등의 기능 외에 공연, 미술, 스포츠 대회와 같은 이벤트와 관련이 되어 구성된다.

즉 패키지 범위의 확대 외에도 대상이 다양해지고 문화예술 이벤트와의 접목이 주목된다. 호텔 고객의 수준을 반영하는 것이고 호텔이 이제는 문화 상품 그 자체이며 엔터테인먼트와 예술의 콘셉트가 배제되어서는 설명이 불가능해진 것임을 알 수 있다.

〈표 3-13〉은 이러한 관점에서 기존 패키지와는 다른 스페셜 패키지를 설명하고 있다. 서울 시내 특1급호텔 중 신라호텔, 하얏트호텔, 롯데(잠실), 힐튼(남산)을 사례로 스페셜 이벤트 내용을 사례분석한 것이다. 2007~2009년까지 진행된 대표적인 이벤트를 중심으로 했고 호텔의 특징이 드러나는 4개의 호텔을 선정했다. 호텔의 분류 기준은 선행연구에서 살펴본 결과를 바탕으로 호텔의 상품을 기준으로 했고 유사한 이벤트의 내용은 기준 된 상품의 구분에 포함하였다. 각 호텔의 이벤트 홍보인쇄물, 내부자료, 인터넷 홍보내용과 직접 방문하여 면접을 진행한 내용을 일부 바탕으로 하였다.

각 호텔들은 계절별 패키지 프로그램 위주의 객실상품이벤트와 식음료부문의 이벤트가 공통적으로 많이 진행되고 있으며, 호텔별로 신라호텔은 연회장이벤트, 객실상품 패키지, 하얏트호텔은 연회장이벤트, 힐튼호텔은 식음료영업장이벤트, 롯데호텔은 연회장이벤트, 바 이벤트가 호텔 내부의 기능들과 접목이 되고 있다.

신라호텔은 2007년 5월 리뉴얼을 마친 대표적 식음료 영업장으로 이탈리아 레스토랑 '비체'의 이벤트로 기념이벤트를 진행했는데 특색이 있다. 1주일 동안 이탈리아 음식축제를 개최하여 야외 테라스에서 이탈리아 가곡의 밤을 마련하고 이탈리아 각 지방의 특색 있는 파스타 요리를 요일별로 선보여 좋은 반응을 얻었고 '에코 패키지'는 객실상품으로 유기농 제품을 원료로 직접 신선한 팩을 만들어 보기도 하고 발리댄스 등의 다양한 건강 클래스에 참여할 수도 있다. 크리스마스 잉글리시 뮤지컬 패키지와 라이브러리 바 이벤트도 차별화된 이벤트라 하겠다.

롯데호텔은 테마파크 호텔이라는 성격과 백화점, 호텔, 스포츠 센터라는 시설적 우위를 한자리에 갖춘 장점을 이용하여 샤롯데시어터에서 공연되는 '켓츠 패키지'가 있었고 롯데월드 어드벤처의 캐릭터인 로티 · 로리를 활용한 엔터테인먼트 요소가 강한 가족단위 고객 대상의 테마룸인 캐릭터룸으로 구성된 패키지를 선보였다. 릴레이식 오페라 감상과 댄스파티, 매직 쇼 등의 이벤트가 좋은 호응을 보였다.

힐튼호텔은 '와인 이그제크티브 패키지'를 기획했는데, 남산의 계절 정취를 조망할 수 있는 귀빈층 객실에서의 와인과 치즈가 제공되는 고급 이벤트라고 할 수 있다. 독일 전통 옥토버페스트를 축제로 기획하고 인디안 음식, 바비큐 & 해피아워 이벤트 개최는 나름대로의 장점을 살린 것으로 볼 수 있다.

하얏트호텔은 '남산愛 가을 주말 패키지'를 선보였고, 또한 일생에 단 한 번 뿐인 허니문과 결혼기념일을 위한 '뉴 로맨스 패키지'와 럭셔리 스파를 포함한 'In the Spa Package'를 이벤트로 기획했다. 하얏트호텔은 세련되고 이벤트 행사의 매력성을 내세워 프로포즈 이벤트, 제이제이마호니 바의 할로윈 파티를 선보이며 독창적인 이벤트 내용을 실현했다고 볼 수 있다(김동준, 2010).

표 3•13 스페셜 패키지

구 분	신라호텔	롯데호텔(잠실)	힐튼호텔(남산)	하얏트호텔
객실 상품 이벤트	· 재즈 갈라디너 패키지 · Belive It or Not 패키지 · Shilla Splendor 패키지 · Eco 패키지 · Leading Quest 패키지 · Shilla Spa · 2008 메모리즈 패키지	· Ladies' Floor 패키지 · 롯데호텔 월드 VIP 패키지 · 캐릭터룸 패키지 · 켓츠 패키지 · 그린다이아몬드 패키지 · 화이트데이, 결혼기념일 등 기념일 패키지	· 가을 패키지(바비큐 & 와인) · 와인 이그제크티브 패키지 · 베드 & 브렉퍼스트 패키지	· Winter Package · Best Business Package · In the Spa Package · AMOUR PACKAGE · 뉴 로맨스 패키지 · AWAKEN PACKAGE · 베드 & 브렉퍼스트 패키지 · 남산愛 패키지

구 분	신라호텔	롯데호텔(잠실)	힐튼호텔(남산)	하얏트호텔
식음료 영업장 이벤트	· 즐거운 케이크 만들기 · 1주일 동안 이탈리아 요리축제 · 송이 특선요리 제공 · 앙코르 주바코 우나기 프로모션 · 상하이 게 특선	· 가족케이크 만들기 대회 · 로이 야마구치의 음식세계 · 싱가포르 미각여행 행사 · 크리스마스 축하 스파클링 · 와인 리셉션	· 페이스 페인팅 이벤트 · 구어메 서클진행 · 독일 전통축제 옥토버페스트 개최 · 인디안 음식 · 체나다알리, 쇼군 · 부르고뉴와인 '루뒤몽' 와인 메이커스 · 발렌타인데이 실속행사	· 프렌치 치즈 앙상블 · 초콜릿 스파 커플 메뉴 · 송이버섯 스페셜 · 풀사이드 바비큐 · 더 차이니스 레스토랑 런치
연회장 이벤트	· 크리스마스 잉글리시 뮤지컬 패키지 · 명성왕후 · Spring Package Event	· 오페라 페스티벌 패키지(릴레이식) · 7080 Melody of Memories	· 크리스마스 디너쇼 · 조영남 현대미술쇼 개최	· 웨딩 이벤트 · 캣츠 뮤지컬 패키지
바 이벤트	· 라이브러리 바 · VIP 바 · 프리미엄 라운지 · 커뮤니얼 바 · 몰트 위스키	· 화이트데이 댄스파티 · 매직쇼와 여성 3인조 '화이트폭스' 연주	· 바비큐 해피아워 · 카버리 & 와인 부페 · 와인 특가전 · 와인 & 치즈 클럽	· 프러포즈 이벤트 · 로비라운지 후르츠 칵테일 · 제이제이마호니 할로윈 파티

제주롯데 키즈 패키지

임피리얼 팰리스 홈 패키지

워커힐호텔 바비 패키지

06 | 음악이벤트

호텔의 주요 상품인 식음료 영업장은 수익을 목적으로 일정한 장소에서 음식과 음료를 판매하고 접객원의 서비스를 고객에게 제공한다. 그리고 호텔의 시설, 설비 등 하드웨어와 인테리어는 물론 세심한 인적서비스는 감동을 가져와야 한다. 호텔의 식음료판매 향상과 이미지 제고를 위해서는 다음과 같은 요소가 갖추어져야 한다.

① 호텔의 건물, 설비의 환경 요소
② 식사와 음료에서의 맛과 멋
③ 서비스의 뛰어남
④ 즐거움의 가치 전달
⑤ 종합적 호텔관리

호텔의 식음료관리에서 식사와 서비스 그리고 관리능력은 가장 중요하고도 기본이 되는 사항이다. 그러나 최근 식음료 영업장의 고객들에게 중요시되는 것은 자신이 이용한 호텔 영업장에서 훌륭한 분위기를 느끼고 만족했느냐이다. 또한 영업장에서 돌아갈 때 자신이 지불한 가격에 충분한 가치를 느끼게 서비스가 제공되었느냐의 문제이다. 호텔식음료서비스에서 여러 가지 종합적으로 고객에게 가치를 전달하는 요소가 형성되지만 즐거움을 주고 분위기를 만들어 내는 엔터테인먼트 요소가 절대적으로 필요하다는 것은 변화된 고객위주의 호텔이벤트 환경에서 주목해야 한다.

영업장에서 이런 기능을 할 수 있는 것이 바로 밴드나 보컬이 함께 하는 음악의 역할인 것이다. 호텔식음료 영업장에서 고객에게 고급스런 분위기와 즐거움을 제공하는 연주나 노래의 형태를 음악이벤트라고 할 수 있다. 예전부터 호텔에서는 음악이벤트가 있어 왔다. 로비 라운지에서 피아노와 같은 간단한 연주를 하거나 3~4인조로 구성된 국내 보컬팀이 재즈 분위기를 내거나 고객에게 음악을 선사했다.

현대 호텔식음료 영업장에서는 음악이벤트가 많이 변화하고 있다. 고객의 까다로운 취향과 특히 영업장의 다양화에 따른 음악이벤트의 조화가 필요하게 된 것이다. 바bar도 여러 가지 고객의 취향에 맞게 구성되고 호텔의 수익면에서 음식보다 주류는 커다란 기여를 할 수 있어 음악이벤트는 주류 매출이 많은 고급스러운 장소에서는 절대적인 것이다. 음악이벤트 분위기가 영업장 매출에 직결된다고 해도 과언이 아닐 것이다. 주로 외국인 공연팀이 활동하고 있고, 이국적이고 이색적인 분위기를 원하는 고객들이 늘고 있기 때문이다. 호텔이라는 공간은 고객에게 무엇인가 다른 차별성이 기대되는 장소이기도 하다.

호텔의 로비 라운지에서는 현악과 같은 연주팀이 구성되어 감미로운 선율을 선사한다. 유럽, 동유럽 외국인 팀이 인기가 있고 바이올린, 키보드, 플룻 등으로 이루어져 연주를 한다. 라운지와는 다르게 바에서는 노래(보컬), 드럼, 기타, 키보드 등으로 구성되어 깊이 있는 분위기를 제공한다. 고객에게 즐거움과 추억을 만들어 주는 이벤트로 분위기를 통한 충분한 가치를 부여한다고 할 수 있다. 밴드음악이벤트가 호텔에서 엔터테인먼트를 창출하여 호텔이벤트의 새로운 장르를 형성하고 있다.

일반적으로 영업장에서 밴드는 크게 국내인과 외국인으로 구분되고 피아노 솔로, 스트링 3~4인조, 가수 2~3인조, 가수+키보드 등의 형태를 보인다. 피아니스트의 경우 1일 3회(회당 40분 내외) 그리고 주 1회의 비번을 주고 있으며 식사제공 및 유니폼 세탁이 허용되는 경우가 많다. 밴드의 경우는 주로 외국인이 주를 이루고 있으며 필리핀, 동구권, 유럽 등 다양하다. 5인조의 경우 가수 3명, 키보드 1명, 기타 1명으로 구성이 되고 1일 5회(회당 40분 내외)

정도의 공연을 하며 숙소제공, 식사, 유니폼 드라이클리닝 서비스가 제공된다. 계약의 형태는 호텔에서 직접 섭외 및 관리하는 직접계약과 국내 agent로부터 공급을 받는 간접계약의 형태로 나눌 수 있다. 가격, 세금 및 관리의 주체가 문제될 수 있으므로 세심한 주의를 요한다.

표 3•14 영업장 음악이벤트 현황

<table>
<tr><th>호텔</th><th>영업장</th><th>인 원</th><th>국 적</th><th>계약형태</th><th>주관부서</th><th>부가혜택</th></tr>
<tr><td rowspan="3">SW</td><td>라운지</td><td>3중주</td><td>벨라루스</td><td>직계약</td><td rowspan="3">예 능</td><td rowspan="2">항공료, 숙식(뷔페 1식), 드라이클리닝</td></tr>
<tr><td>바</td><td>4인조</td><td>필리핀</td><td>에이전트</td></tr>
<tr><td>레스토랑</td><td>피아노솔로</td><td>한 국</td><td>에이전트</td><td>구내 1식, 드라이클리닝</td></tr>
<tr><td rowspan="3">L</td><td>라운지</td><td>3중주</td><td>한 국</td><td rowspan="3">에이전트</td><td rowspan="3">식음료</td><td rowspan="2">식사 뷔페 1식</td></tr>
<tr><td>레스토랑</td><td>3중주</td><td>한 국</td></tr>
<tr><td>바</td><td>3인조(여 1, 남 2)</td><td>필리핀</td><td>식사 1식, 드라이클리닝, 항공료, 전세</td></tr>
<tr><td>H</td><td>라운지</td><td>2인조(여 1, 남 1)</td><td>영 국</td><td>직계약</td><td>식음료</td><td>항공료, 객실, 뷔페 3식, 드라이클리닝</td></tr>
<tr><td rowspan="3">I</td><td>라운지</td><td>3인조</td><td>폴란드</td><td rowspan="3">에이전트</td><td rowspan="3">재 무</td><td rowspan="3">항공료, 집, 식사(외부 1식), 드라이클리닝</td></tr>
<tr><td>바 1</td><td>2중주</td><td>필리핀</td></tr>
<tr><td>바 2</td><td>5인조</td><td>미 국</td></tr>
<tr><td rowspan="2">W</td><td>라운지</td><td>피아노솔로(노래)</td><td>한 국</td><td>에이전트</td><td rowspan="2">식음료</td><td>식사 1식</td></tr>
<tr><td>바</td><td>2인조(여 1, 남 1)</td><td>영 국</td><td>직계약</td><td>연간 계약, 객실, 뷔페 3식, 항공료, 4 stage(40분)</td></tr>
<tr><td rowspan="3">S</td><td>레스토랑</td><td>피아노솔로</td><td>한 국</td><td>직계약</td><td rowspan="3">식음료</td><td>3 stage(40분)</td></tr>
<tr><td>라운지</td><td>3인조(여 1, 남 2)</td><td>필리핀</td><td rowspan="2">에이전트</td><td rowspan="2">제반사항 에이전트 제공</td></tr>
<tr><td>바</td><td>3인조(여 1, 남 2)</td><td>필리핀</td></tr>
</table>

* 주요 특1급호텔 영업장 밴드현황 사례임

호텔 영업장 밴드 연주는 라운지, 식당, 바 등에서 이루어지는데 최근 필리핀, 동구권, 유럽으로 증가 추세가 있고 한국 음악이벤트 팀보다 가격대비 우수한 품질이 보장된다는 생각이 있는 것이다. 보다 이국적인 분위기에 고객을 매료시킬 수 있고 다양한 음악의 장르까지 선보일 수 있다.

계약의 형태는 아직 호텔의 직접계약보다 에이전트를 통한 공급이 우세한데, 가격이 조금 더 지급되더라도 아웃소싱의 편리성과 관리에 있어 수월함을 선택하는 호텔의 의사결정을 알 수 있다. 이벤트 팀의 선정에 있어 사전에 비디오를 통한 검토나 현지 출장, 출연자 오디션에 호텔측이 참여하는 것은 에이전트와의 계약에서도 품질관리를 유지하는 핵심사항이다.

호텔이벤트의 음악이벤트 현황에서 지적할 수 있는 문제점은 다음과 같다.

① 주관부서가 식음료영업장에 국한됨으로써 에이전트 공급 시 우수공연인지에 대한 판단이 모호할 수 있다. 전문적인 엔터테인먼트 팀의 구성이 필요하고 음악의 전문성이 절실하다.

② 공연구성이 피아노솔로 및 싱어 3~4인조로 단순화되어 영업장의 특성에 맞는 연주가 미흡하다. 다양한 스트링 연주, 좀 더 많은 인원을 증가한 밴드의 형태, 국내외 혼성팀을 구성하여 출연시키고 간단한 이벤트를 첨가하여 영업장 분위기를 고조시켜야 한다.

③ 공급의 형태가 에이전트로 치중되어 호텔 내부의 자생력을 키우지 못할 수 있다. 에이전트 공급 시 호텔 측의 편리함은 있으나 출연자의 캐스팅, 프로그램 구성 및 관리에서 주도권이 배제되어 전체적인 통제에 문제가 있을 수 있다. 점차적으로 호텔의 자체적인 시장발굴과 직접계약의 형태로 가는 것이 바람직하다.

호텔의 BGM도 이벤트 범주에서 기본적인 역할을 한다. 호텔 전체의 음악을 대표하는 것으로 고객에게 어떤 음악을 들려주는가 하는 것을 판단하는 기준이다. 호텔 BGM 운영 형태는 자체운명 및 외주운영의 복합적인 형태를 띠고 있고 주관부서도 시설부에서 방송하는 호텔들이 대다수이다. 전문적인 팀에서 주관하여 각 영업장별로 고객의 취향을 분석하고 고객만족을 시킬 수 있는 음악을 선별하는 능력이 요구된다. 공급의 형태에서 외주운영을 할 때 비용을 절감하는 방안에서 품질관리의 엄격성이 필요하다.

영업장에서는 당연히 음악을 트는 것이 아니라 항상 라이브로 공연이 이루어질 수 없으므로 BGM의 역할이 반드시 필요한 것이고 특색에 맞는 음악은 고객들의 귀에 만족을 준다. 고객들의 음악에 대한 수준을 대단히 높아지고 있다. 호텔 외부에서도 다양한 공연예술을 접함에 따라 이제는 호텔과 수준이 같거나 평준화 또는 경쟁의 관계에 있는 것이다. 영업장에서 흘러나오는 음악을 소홀히 한다면 음악을 기반으로 한 프로그램 구성에서 고객보다 오히려 뒤떨어지는 결과를 초래할 수 있다.

부산 메리어트호텔 와인 바(불가리아 밴드)

호텔 라운지

07 | 기획공연이벤트

호텔은 외부기획사에 연회장을 빌려주고 이벤트의 협력을 하기도 하지만 호텔 자체적으로 이벤트를 기획하여 진행하기도 한다. 연회장의 계약관계나 운영에서 호텔 연회팀이 업무를 관장하나 호텔 자체적으로 이벤트를 기획할 때 주관부서는 마케팅과 같은 전문부서가 된다. 과거에는 연회장의 가동률을 높이거나 호텔의 이미지를 위해 정기적으로 공연을 하는 경우가 많았다. 호텔 연회장도 객실과 마찬가지로 비워있으면 비수기에는 수익을 올리지 못하고 고정되어 있는 인건비 등의 비용을 지출되므로 경영에 어려움이 있다.

또한 호텔은 이미지산업이다. 연말 때면 한 번쯤 디너쇼나 콘서트를 하는 습관적인 형태가 있었다. 그러나 이제는 상황이 달라졌다. 고객의 문화예술 수준과 욕구가 호텔 기획공연이벤트의 추동력이 되었고, 이미 갖추어진 호텔의 조직력으로 공연이벤트를 성공적으로 수행함으로써 호텔 경영에 커다란 도움을 주고 있다.

호텔에서 자체적으로 기획하는 이벤트는 공연이다. 고객에게 실시하는 최적의 예술 형태이고 호텔의 연회장, 주로 대규모 그랜드볼륨에서 진행된다. 호텔의 다양한 시설을 활용한 이벤트 기획도 많아지고 있는데, 이것은 호텔 부대시설이벤트로 분류한다. 즉 호텔 연회장을 위주로 자체적으로 기획하는 이벤트를 호텔 공연기획이라고 할 수 있다.

기획공연이벤트는 콘서트, 디너쇼, 댄스파티 등이 개최되고 호텔에서 점점 증가 추세에 있다. 호텔의 경영특성은 시설, 회계, 상품, 영업, 조직 및 인력관리 측면에서 살펴볼 수 있는데, 현재의 변화된 환경에서 이윤추구라는 절대적인 과제 속에서 이벤트라는 새로운 도구가 돌파구로 모색되는 것이다. 호텔의 전문인력이 자체적으로 공연을 기획하는 것은 다음과 같은 장점이 있다.

① 행사장소를 가지고 있어 비용절감 효과가 있다.
② 무대, 음향, 조명, 영상 등 공연시스템 지원이 가능하다.
③ 기획 외에 현장 운영인력 투입이 용이하다.
④ 조리부서의 음식을 연계한 이벤트로 매력이 있다.
⑤ 호텔 고객의 데이터베이스를 활용하여 홍보가 유리하다.
⑥ 이미지와 매출을 동시에 달성할 수 있다.

물론 호텔의 주된 상품은 객실, 식음료 그리고 서비스이지만 경제적, 계절적 요인에 의해 영향을 받는 호텔 현실에서 각종 이벤트를 호텔에서 기획하여 개최한다는 것은 고객의 증가와 호텔기업의 안정성을 도모할 수 있는 훌륭한 방법인 것이다.

호텔에서 최근 보여지는 공연이벤트는 특정일을 겨냥한 특별행사, 연말의 디너쇼, 계절성을 노린 페스티벌 그리고 다양한 장르의 콘서트이다. 호텔의 특별행사는 어린이날, 어버이날, 크리스마스, 연말행사처럼 기념일에 맞추어 타깃에 부합하는 공연 내용을 선정하여 홍보하고 이벤트를 기획하는 것이다. 어린이날의 경우 10대 가수나 인형극, 만화상영, 마술쇼 등의 내용이 주를 이루고 어버이날은 식사를 겸한 가수공연의 형태이며 크리스마스는 댄스파티와 같은 젊은 층을 겨냥한 축제형식이 화려한 조명, 음향, 세트, 무대 및 DJ의 원활한 진행과 어우러진다. 연말 행사는 한해를 보내고 다음 해를 맞는 송구영신의 의미로 가수공연, 재즈, 퍼포먼스 형식인데, 호텔의 상품과 이미지를 고려하여 포지셔닝 전략이 고려되어야 한다.

연말 디너쇼는 호텔에서 개최하는 이벤트 중에서 역사가 가장 오래된 것으로 유명 가수를 초청하여 식사와 함께 쇼를 하는 것이다. 디너쇼의 종류로 대중가요, 트롯, 국악가수 등이 선호되고 있다. 해당 호텔에 어울리는 가수, 즉 호텔 고객의 성격에 적합한 가수를 선정하는 것이 가장 중요하고 홍보 및 티켓판매가 매출 증대에 핵심사항이다. 주로 중년층에게 어필할 수 있는 연예인이 솔로 및 그룹으로 캐스팅되어 공연을 하는데, 근래에 들어서는 출연료가 고가이기 때문에 매출이 높은데도 불구하고 이익이 어려우므로 출연료 전액을 지불치 않고 호텔측과 가수측이 공동으로 마케팅을 전개하여 일정 포션portion을 나누는 방식을 선호하기도 한다.

공연기획에서 출연료 부분이 차지하는 비중과 실제로 티켓을 판매하여 매출을 발생케 하는 홍보의 전 과정은 공연기획의 성패를 좌우하는 것이다. 호텔과 공연자 측의 협력 마케팅은 기본적으로 필요한 것이고 더욱 구체적인 홍보 전략과 이익관리를 추구하는 방법이 모색되고 있다.

출연자와 공동으로 홍보 전략을 구사한다는 의미는 양자 모두가 비용을 절감하고 수익을 발생시키기 위해 행사는 모든 노력을 말한다. 공연 출연자 입장에서 호텔 측에 협력하는 마케팅의 구체적 방법은 다음과 같다.

① 출연료를 고정시키지 않고 매출에서 배분한다.
② 일정량의 티켓 판매를 부담한다.
③ 출연료 전액을 기부하는 사회 환원적 행사에 동참하기도 한다.
④ 기업의 협찬 및 후원을 호텔에 연결한다.
⑤ TV 프로그램에 출연하여 간접적인 노출전략을 전개한다.
⑥ 전문잡지에 인터뷰한다.
⑦ 온라인 매체에 보도자료를 송부한다.

디너쇼와 마찬가지로 콘서트도 대규모 연회장에서 진행되는데 디너쇼보다 규모가 더욱 크다고 할 수 있다. 디너쇼와 같이 식사제공 없이 실시되고 때론 스탠딩 스타일로 인원의 수용규모가 크다. 호텔에서 컨벤션센터와 같은 시설에서 2,000명 이상 콘서트가 기획되는 것은 이제는 흔한 일이다.

콘서트의 매력은 한 번의 행사로 대규모의 고객을 유치할 수 있고 식사가 필요 없이 간단한 스낵이나 드링크가 준비되어 고단가로 티켓을 판매함으로써 이익을 올릴 수 있다. 최근에는 젊은 층을 상대로 가수를 선정하여 팬클럽, 동호회 등 고정 팬이 있으므로 홍보에 치밀한 준비만 한다면 공연이벤트의 성공여부는 기획의도가 정확한가에 달려 있다고 할 수 있다.

특히 콘서트는 무대시설의 고급화가 관건이므로 음향, 조명, 세트가 사전 체크되어야 하고 충분한 회의, 리허설 등으로 만전을 기해야 한다. 호텔 공연 기획팀이 연출과는 별도로 시스템 업체와 계약하게 되는데, 호텔 내부에 고가의 전문장비를 보유하지 않기 때문이다. 이벤트 행사 때마다 주요 업체들의 비딩bidding을 통해 가격대비 효율성을 고려하여 선정한다. 이와는 다른 개념으로 호텔이 행사를 전체적으로 통솔하고 통제하는 연출이라는 문제가 있다. 연출은 호텔 내에 전문 담당자가 프로듀싱 하는 것이 원칙이나 상황에 따라 외부 연출팀이 의뢰를 맡아 수행할 수 있는 계약이 이루어지기도 한다. 연출은 공연 성사 여부가 달린 문제이므로 계약서 작성에 매우 세심한 사항까지 검토한다. 호텔과 연출 그리고 출연자 측의 역할분담이 정확해야 하며 저작권료를 누가 부담할 것인가 하는 문제까지 논의되어야 하는 것이 바람직하다.

표 3•15 기획공연이벤트

기획공연	내 용	비 고
특별행사	· 특정일 겨냥한 기념이벤트 위주 - 어린이날, 어버이날, 크리스마스, 연말 - 특별 요리가 제공되는 경우와 공연만의 형태가 있음	
디너쇼	· 호텔 자체 이벤트의 가장 일반적 형태 - 정기적으로 개최 - 식사제공이 되는 고품격 행사 - 고가의 출연료를 커버하는 티켓 판매가 중요	중년층 대상 가수공연
콘서트	· 대규모로 진행되는 흥행성 이벤트 - 가장 최신의 가수나 공연 선정 - 최고급 무대구성 - 연출의 전문화	젊은층 대상 인기가수

기획공연	내 용	비 고
음악회	· 클래식 장르 공연 - 바이올린, 오케스트라, 성악, 피아노, 팝페라, 재즈 등 - 후원 성격이 짙은 행사로 품격이 높음	초청 형식의 공연
기 타	· 패션쇼, 심야극장, 토크쇼 등 - 기부행사 등의 형식으로도 진행 - 명품 협찬 성격으로 개최하기도 함 - 강연 콘서트와 같이 행사들이 믹스된 아이디어 이벤트 - 미술, 뮤지컬, 오페라 등은 연계이벤트 위주	

호텔의 공연이벤트가 수행되는 과정은 기획, 제작, 연출, 홍보로 크게 4가지로 구분해 볼 수 있다. 기획과정은 호텔 공연팀에서 최근 가장 유행하는 공연 아이템을 선정하고 콘셉트를 설정하는 단계이다. 공연 아이템은 주로 가수나 클래식 음악회가 대표적인데, 호텔에 어울리는 콘셉트로 기획단계에서 예산을 고려하여 결정한다. 제작은 공연이벤트를 만들어가는 것으로 공연자 계약, 스텝회의, 세트와 장비구축 등 공연물 자체를 실재화시키고 준비하는 전 과정을 의미한다. 추진인력을 구성하여 추진일정에 따라 체크해 나가고 변경사항 시 공연에 미치는 영향을 고려하여 수정하기도 한다.

연출은 준비된 공연을 호텔 연회장에 오픈하는 것으로 고객에게 제품을 선보이듯 평가를 받는 것이라고도 할 수 있다. 준비된 공연은 리허설을 거쳐 최종 점검과 올 스탠바이all stand by로 행사에 돌입한다. 연출부는 콘솔시스템에서 전체를 지휘하고 각 스텝은 각자의 위치에서 역할을 수행하며 조감독 및 행사진행 요원은 무대 상,하수를 중심으로 연출에 기여한다. 공연에서는 콘솔의 장비시스템도 중요하지만 출연자 대기실 관리와 무대와의 동선 및 공연자 도착 등의 관리도 중요하다. 공연자의 관리는 행사의 품질을 좌우하는 것이고, 무대와의 코디네이션은 행사가 단절 없이 부드럽게 진행되는 연출의 과정이기 때문이다.

홍보는 제작과정의 한 부분이라고도 할 수 있지만 호텔 공연이벤트에서 중요한 사항이므로 별도로 다루는 것이 바람직하다. 공연에서 홍보는 단지 알리는 것만이 아닌 고객에게 티켓을 판매하여 수익을 발생시키는 기능을 말하는 것이다. 공연이벤트를 호텔의 웹사이트에 올리고 포스터를 제작하며 DM을 발송하는 기본적인 업무는 수동적인 형태이다. 기획된 타깃 고객에게 적극적이고 구체적인 판매 전략이 필요하다. 호텔의 기능을 사용하여 공연판매를 하는 방법은 다음과 같다.

① 공연 전담부서에서 홍보활동을 한다.
- 광고 및 홍보
- 인터넷, 각종 매체(TV, 라디오, 잡지 등)
- 포스터 등의 인쇄물 제작
- DM[direct marketing] 발송 및 TM[tele marketing]

② 판촉팀의 거래처 정보를 활용한다.
③ 인 하우스 고객[in house guest] 상대로 홍보물 비치
④ 영업장 고객에게 추천
⑤ 호텔의 구매 관련 협력업체에 홍보한다.
⑥ 공연 출연자, 스텝 등에 판매 협조를 구한다.
⑦ 협찬, 후원 기업체를 선정하고 금액 대비 티켓을 교환한다.
⑧ 온라인 티켓 판매회사와 계약을 한다.
⑨ 행사 공동주최 단체를 섭외하여 마케팅 한다.
⑩ VIP 고객들의 특별 홍보를 통해 단체판매를 유도한다.

호텔 공연이벤트는 디너쇼, 콘서트, 음악회가 주로 개최되는데 뮤지컬, 오페라와 같은 장르로 고급화되는 것이 필요하다. 공연의 성격상 뮤지컬과 오페라는 극장에서의 개최가 어울리지만, 최근에 와서는 대규모 장치가 아닌

무대세트를 제작하여 장기공연을 할 수 있는 방법들이 개발되어 소극장에서 실시되고 있으므로 호텔에서 적합한 뮤지컬 하이라이트나 오페라 중에서 흥미를 끌 수 있는 공연을 충분히 실행할 수 있다. 물론 부대시설로 극장이 있으면 더욱 유리할 것이다.

공연이벤트는 일반 이벤트와는 달리 차별적인 기획서 작성을 요구한다. 기획이란 실제적인 기획서 작성을 의미한다고도 할 수 있고 실행계획서, 시나리오, 큐시트에 이르기까지 세부적인 기획서 양식에 맞는 페이퍼 작업이 필수적이다. 또한 무대공연에서는 연출이 일반 공연과는 다른 극장을 이해하는 노력이 있어야 한다. 대중가수 콘서트와 뮤지컬 장르는 커다란 차이가 있다. 노래를 중심으로 하지만 댄스, 무용, 연극적 요소 등 종합예술적인 장르인 만큼 극장 운영의 형태를 도입하여 호텔이벤트화 하여야 한다. 호텔 공연이벤트는 공연 외에 미술이벤트와 같은 차별화된 기획이 필요하고 호텔 외의 장소에 개최하는 브랜드를 앞세운 공격적이고 파격적인 시도가 있어야 한다.

표 3•16 콘서트 큐시트

구 분	항 목	시 간	출 연	내 용	Video	Audio	비 고
Scene#1 / AM 09 : 00	Intro	15 : 00~ 15 : 35 (05' / 05')	두드락	· 노래 부르는 섬의 하루가 시작됨을 타악기 연주, 효과음향, 영상으로 표현 - 장내 암전, 효과음 - 제주도 자료영상 등 - 타악기 연주의 Mix · 행사타이틀 네온 점등	영상 ① 네온 타이틀	Mic SOV	
	영상 1 (섬과의 만남)	14 : 35~ 14 : 38 (03' / 08')		· Theme 영상 I -「섬과의 만남」 - 섬을 떠나려는 그녀, 011을 통해 만난 노래 부르는 섬에서의 하루를 회상(손으로 만지작거리는 011 핸드폰 클로즈 업) - 장면 전환시 AM 09 : 00 자막 - 고기잡이배가 들어오는 항구, 밥 짓는 어촌마을, 연인들 모습 그리고 그녀의 모습 암시 - 생명력과 여유로움이 느껴지는 섬에 대한 나의 독백	영상 ②	SOV 나레이션	두드락 퇴장지원 이소라 준비
	공연 1	14 : 38~ 14 : 53 (15' / 23')	이소라	· 이소라 등장 및 공연 ①:「처음느낌 그대로」(4'03") - 간주시 보조무대에서 솔로 댄싱 · Bridge 멘트 : 노래 부르는 섬과의 만남에 대한 멘트 · 공연 ②:「기억해줘」(4'25") · 공연 ③:「청혼」(3'40")	현장 중계 BGV	MR Mic MR MR	김장훈 준비
	공연 2	14 : 53~ 15 : 11 (18' / 41')	김장훈 이소라	· 김장훈 등장 후 이소라에게 장미꽃 전달 · Bridge 멘트 : 노래 부르는 섬에서 벌어지는 만남에 대한 대화 · 이소라 퇴장 후 공연 ①:「나와 같다면」(4'36") · 공연 ②:「세상이 그대를 속일지라도」(4'35") · 공연 ③:「노래만 불렀지」(3'45")	현장 중계 BGV	Mic MR MR MR	영상준비

출처 : (주)링크커뮤니케이션 자료집에서 인용

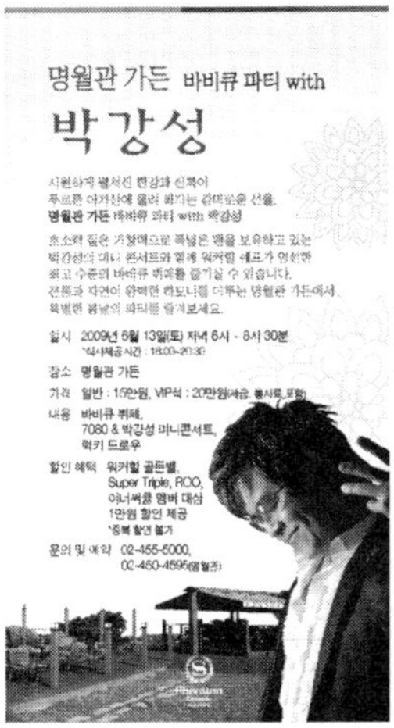

워커힐호텔

제주그랜드호텔

호텔현대(경주)

메이필드호텔

라마다송도

호텔현대(경주)

라마다서울호텔

08 | 부대시설이벤트

호텔의 부대시설이벤트는 연회장 외에 시설을 이용하여 이벤트를 기획하는 것을 말한다. 공연이벤트 기획이 주로 연회장 중심으로 이루어지고 있지만, 호텔의 시설이 대규모화 하고 다양한 시설을 갖추게 됨에 따라 호텔의 부대시설이벤트는 각 호텔의 특색을 살린 특색 있고 인기 있는 이벤트로 자리 잡아가고 있다. 호텔 외부의 행사 주최자와 함께 이벤트를 개최하는 연계이벤트와는 차이를 보인다.

호텔의 부대시설은 여러 가지가 있지만 이벤트에 활용되는 것은 극장식당, 공연장, 이벤트를 위한 특별시설, 야외수영장, 야외스케이트링크, 미술관, 카지노, 휘트니스 등이다. 이러한 부대시설에서 극장식당은 이벤트를 하기에 적합하다. 안정적인 공연을 할 수 있는 무대시설과 스텝 그리고 호텔의 요리가 제공되는 쾌적한 홀을 가지고 있다. 극장식당은 호텔의 부대시설이기도 하지만 공연장으로서 하나의 극장운영의 노하우를 가진다고 보아야 한다.

극장식당의 예약부터 티켓 발권이 별도로 운영되고 호텔의 기본적인 기능인 객실과 식음료와는 이질적인 무대연출이라는 특수한 조직을 가지고 있다. 마케팅 부서와는 다른 기능으로 전통적인 무대연출을 전공한 전문가가 있어야 하고 음향, 조명, 기계장치 등 스텝들의 협력이 중요하다. 이벤트팀과는 구별되는 별도로 예능팀과 같은 인력 형태를 갖추고 부서장 이하 감독, 조감독의 체제를 중심으로 사무실의 업무와는 다른 현장 운영이 더욱 중요하다.

호텔은 극장식당이라는 하드웨어 안에서 고객에게 즐거움이라는 가치를 제공하는 쇼show를 선보이는데, 쇼의 사전적 의미는 구경거리, 구경거리가 된 사건 및 오락 연극을 말하는데, 호텔기업에서는 무대에서 제작, 공연되는 형태로 민속 및 외국 흥행물의 내용으로 나타난다. 즉 고객의 즐거움을 만들

수 있는 무대제작 능력, 무대 디자인, 민속 및 외국쇼의 상업화, 무대의상 디자인 및 소품 등의 소프트 자산intengible asset을 발굴하여 엔터테인먼트 사업을 수행케 하는 실체가 쇼라고 할 수 있다.

호텔의 극장식당으로는 SW호텔과 L호텔을 들 수 있는데 양자 모두 민속 및 외국쇼를 공연하고 있으며 정기적으로 쇼를 교체함으로써 고객에게 볼거리를 제공하고 있다. 야외 공연장에서 외국 공연만을 하거나 퍼레이드 쇼를 중심으로 테마파크에서 실시되는 공연과 쇼의 복합적인 호텔 부대시설이벤트도 찾아볼 수 있다. 민속쇼의 경우 전통을 기반으로 상업예술을 추구하고 있고 남자 및 여자 무용단, 사물놀이, 가수(판소리) 등으로 이루어져 40여 분의 공연을 한다. SW호텔의 민속쇼 프로그램을 소개하면 〈표 3-17〉과 같다.

호텔 민속쇼는 국내 고객만이 아니라 한국을 찾는 외국 손님들에게도 선보이므로 상업적인 퓨전적인 성격으로 제작된다. 먼저 콘셉트를 설정하고 전체적인 안무를 맡을 무용전문가나 교수들을 선정한다. 쇼의 부분적인 막의 구성을 결정하고 무용단을 훈련하는데 이때부터 조명 디자이너와 같은 연출 파트가 함께 개입하여 쇼의 완성도를 올린다. 음향작업은 쇼에 어울리는 곡들을 선정하여 라이브로 녹음하고 리허설에 맞추어 시간을 정확하게 편집한다. 소프트웨어적인 쇼가 완성되고 큐시트가 나오면 연습을 더욱 강화되고 무대세트 제작에 총력을 기울인다. 세트 제작과 설치에 무대 공간을 많이 사용하게 됨에 따라 무용단의 연습일정과의 마찰 없이 조정을 해 주어야 한다. 시간의 적절한 배분이 쇼의 오픈에 무리를 주지 않고 무대감독의 자질이 여기서 나타나야 한다. 외국 고객의 단체관람을 위해 인 바운드in bound 여행사와의 계약과 도움이 절실한데 쇼의 제작과정에서도 실제적인 수입과 관계되는 고객에 대한 마케팅을 소홀히 할 수 없다. 또한 홍보를 위한 포스터 촬영, 각종 매체와의 인터뷰에 만전을 기해야 한다.

표 3•17 민속쇼 프로그램

항 목	내 용
가야금병창	· 가야금과 함께 경쾌한 민요를 부르며 화려한 쇼의 시작
궁중무	· 징소리와 함께 궁중 실내가 드러나고 대신과 궁녀가 타조령 음악에 화사한 동작들을 선보임
신선도	· 구곡산천 구름 속에 신비스러운 선녀와 신선들의 춤의 조화
무녀도	· 경기, 황해, 동해지역의 고유한 음악과 굿 동작을 주제로 한 창작으로 민족의 애환이 담겨 있는 굿마당
장고무	· 흥겨운 굿거리, 자진모리장단에 다양한 장고춤 동작과 설장고의 마무리
판소리	· 전통적인 소리를 중심으로 사랑가와 입체 창
북 춤	· 대북과 무용단의 외북, 모듬북, 대형 3단2북 세트, 9북의 솔로 격정적 가락
농 악	· 가을철 결실의 수확과 기쁨을 흥겨운 가락과 춤으로 표현하는 대단원

* SW호텔 극장식당 전통공연 사례임

외국쇼의 경우 1년을 주기로 외국의 쇼 프로덕션사와 계약을 체결하고 있고 쇼의 형태는 매직magic, 레뷰revue, 액트act 등의 다양함을 보인다. 호텔에서 쇼의 전체적인 것을 통제하고 완전히 독자적인 프로덕션을 갖추기는 어렵다. 외국에서 쇼를 위한 모든 자원을 만들어 가는 과정이기 때문에 전문회사에 의뢰하거나 일부만을 외주 주는 방식을 택한다. 예를 들면, 쇼의 댄서 계약, 공연 계약, 스텝 계약 등을 따로 하고 호텔 예능팀에서는 전체를 통제하는 방식이다. 쇼를 프로듀싱 하는 것은 아니지만 비용대비 효율적이라고 할 수 있다. 주로 매직+액트+댄스로 프로그램을 구성한다. 민속쇼와는 달리 외국에 있는 쇼를 선정(댄서의 캐스팅 포함)하여 국내에 일정기간 동안 훈련과 리허설을 거쳐 막을 올리는 만큼 그 과정이 대단히 복잡하다. 크게 그 과정을 구분하면 다음과 같다.

① 케스팅 과정(casting)

다음 연도의 쇼 콘셉트를 정한 후 해외출장을 통해 쇼, 댄서들의 캐스팅을 한다. 이것은 쇼를 공급하는 프로덕션사를 선정하는 업무와도 관련되는데, 여러 회사의 비교와 직접적인 현지 오디션을 참관한다. 미주, 유럽, 동유럽, 러시아지역이 선호되는데 사전 협조를 통해 현지광고를 내고 오디션 모집을 한다.

② 1차 제작

계약 후 현지에서 쇼에 필요한 음악, 의상, 쇼 props 및 각종 소품들이 만들어지는데 호텔측의 지속적인 점검이 중요하다. 쇼의 제작이란 무에서 유를 창조하는 것인 만큼 하드웨어적인 제작보다도 현지에서 댄서들의 안무훈련이 많이 필요한데, 안무는 쇼의 핵심이며 훈련이 덜되었을 경우 국내에 입국 후 쇼 오픈까지 재훈련에 시간과 고통이 수반된다. 댄서들은 경험이 있는 자와 초보자를 가리고 역할의 구분에 따라 엄격히 선발하고 연습에 임한다.

③ 인허가 업무

댄서들의 입국 비자문제, 쇼 물품들의 통관, 쇼 자체의 허가 여부, 보험 등의 업무로 쇼 오픈에 직결되는 문제들이다. 댄서뿐만이 아니라 매지션, 액터 등 외국인 출연자 모두의 문제이고 국내 문화체육관광부와 현지 대사관에 유기적인 관계를 유지 한다. 출연자들의 비자문제는 나라마다 해당사항이 다르므로 사전에 꼼꼼한 체크와 혹시 허가에 문제가 생길 경우 해결 노력과 대처 능력이 있어야 한다. 매직의 경우 장비반입의 통관은 용이하나 호랑이, 사자와 같은 살아있는 동물들의 경우 검역을 거쳐야 하고 구청에 동물을 관리하는 시설에 대한 사항을 알리고 지도감독을 받는다. 또한 이동시에도 항공기에 조련사 동반이나 물의 공급, 비행기의 경유지에 대한 고려를 해야 한다. 호텔로 마지막 이동할 때도 시간이 새벽일수도 있고 차량도 무진동 차량을 섭외하여 세심한 주의를 요한다.

④ 2차 제작

쇼 오픈일 약 2주 전에 모든 것이 입국 및 준비되고 국내의 해당 호텔 무대에서 이루어지는 리허설을 의미한다. 음악, 조명, 안무, 세트, 의상을 갖추고 실제 연습을 하는 것으로 안무가와 댄서가 개입하여 총력전을 펼치는 것이고 호텔 스텝의 입장에서는 야간작업을 하기도 한다. 왜냐하면 현재의 쇼를 진행하면서 새로운 쇼를 만들어가는 시간상의 제약을 극복해야 하기 때문이다. 본격적인 2차 제작과정에는 국내 입국 후 진행하는 연습의 전 과정을 포함하고 크게 출연자의 연습과 시스템의 구축 그리고 연출의 완성을 말한다. 필요에 따라 안무와 무대세트, 시스템이 구축된 후에 연출의 전문성을 위해 외국에서 전문가를 초빙하여 조명, 음향의 디자인을 하기도 한다.

⑤ 그랜드 오픈(grand open)

최종 리허설을 거쳐 오픈을 하고 시연회를 통한 쇼의 홍보를 준비한다. 오픈 이후 지속적인 업그레이드up-grade를 추구한다. 오픈 일에는 초청인사와 VIP 그리고 기자단, 여행사 가이드 등의 관련자들을 참석시켜 홍보의 극대화를 꾀한다. 쇼의 품질은 오픈 후 수정을 하기도 하는데 콘셉트를 바탕으로 기술적인 부분만을 수정하며 고객의 의견을 반영할 수도 있다.

외국쇼는 크게 오프닝과 메인 프로덕션 그리고 피날레finale로 이루어지는데, 4개 정도의 메인 넘버와 2~3개의 액트로 구성된다. 약 1시간 정도로 프로그램이 짜여지고 레뷰 쇼가 메인인 경우 매직, 아크로바틱acrobatic, 댄스가 조화를 이루어 장면이 전환하게 된다. 외국쇼의 경우 화려한 의상과 세트의 전환이 특징이고 이국적인 분위기를 자아낸다.

자체적인 쇼의 구성인 만큼 호텔에서의 컨벤션 행사에 공연 형태로 판매되어 국제행사에서 수익을 발생시키는 효자노릇을 하기도 한다. 민속쇼는 20분 정도로 안무가 구성되고 20명 내외로 무대에 출연한다. 행사의 마지막 날인 만찬과 함께 한국의 소개로서 주로 이용되는데 환송연farewell 파티에 어울린다. 외국 쇼는 적절한 장면을 선정하여 행사에 맞게 판매하기도 한다. 극장식당 외에 호텔의 부대시설에서 미술관을 보유한 경우 각종 미술 및 전시행사를 개최하여 호텔의 이미지를 향상시키거나 판매를 통한 수익을 발생시킨다.

호텔 부대시설이벤트에서 야외 수영장을 활용한 프로그램이 〈표 3-18〉에서 설명되고 있다. 야외수영장은 호텔에서 중요한 시설로 수영장 본연의 기능 외에 이벤트를 실시하는 장소로도 선호된다. 호텔의 사우나, 실내 수영장과는 다른 이벤트를 기획과는 여름 시즌 최고의 시설이고 요리와 다양한 서비스가 제공될 때 고객을 만족하게 된다. 서울 시내의 호텔에서 전망은 있고 좋은 경치의 수영장을 가진 장점은 페스티벌 명소로 손꼽히게 된다.

하얏트 호텔은 고급스러운 이미지와 전통이 있는 풀사이드 바비큐 이벤트를 개최한다. 한 여름 밤에 풀사이드 바비큐 파티는 야외 수영장과 전망을 활용한 파티로 매력적일 수밖에 없다. 이국적인 분위기에 주방장이 직접 요리하는 즐거움과 무제한의 생맥주 서비스는 멋진 호텔 부대시설이벤트인 것이다.

워커힐 호텔은 뒤로는 아차산 자락과 앞으로는 한강이 바라다보이는 전망을 가진 유일한 곳이다. 약간은 시내에서 동떨어져 오히려 휴양의 관점에서는 장점으로 작용한다. 매년 색다른 주제로 꾸며지는데, 2010년 디자인 콘셉트는 지중해의 유명 섬 휴양지인 산토리니 풍 콘셉트이었다. 알칼리성 온천수 수영장에 공급하고 럭셔리 선베드로 연인들의 공간을 제공하며 야외 방갈로 '파빌리온'은 가족을 위한 공간으로 인기가 높다.

제주신라는 정원과 야외 수영장을 활용한 이벤트를 기획했다. 카바나를 설치하여 식사와 칵테일, 와인 등을 즐길 수 있다. 카바나를 이용하는 이들에게 산타 마리아 노벨로의 6가지 아로마 중 하나를 제공하고 카바나 패키지를 기획하기도 했다. 제주라는 지역과 주제를 가진 호텔 부대시설이벤트로 추천의 손색이 없다.

반얀트리 클럽 & 스파 서울(구 남산 타워호텔)은 야외 수영장을 이용하여 '도심의 오아시스'로 방해받지 않는 휴식을 보장하는 풀빌라 형태의 '카바나'가 자랑이다. 독립된 작은 풀이 딸려 있는 23개의 카바나는 동남아의 근사한 리조트에 있는 풀 빌라나 호텔 스위트룸을 옮겨놓은 분위기를 자아낸다. 수영장 옆에 동굴 형태의 와인 셀러가 있고 반얀트리 수석 소믈리에가 선정한 와인 리스트는 물론 마시다 남은 와인을 다음에 즐길 수 있도록 보관할 수 있도록 배려한다. 반얀트리 클럽 & 스파 서울은 전략적으로 클럽제를 운영하여 1% 고객을 유치한다는 최고급화를 추구하고 있다.

국내 호텔은 카지노 시설을 모두 보유한 것이 아니라 정책적인 허가에 의해 운영된다. 카지노를 운영하는 호텔은 카지노를 활용한 이벤트를 기획하여 고객의 관리에 힘을 쏟고 있다. 카지노 고객은 다른 고객에 비해 객단가가 높고 호텔과 연계한 사용이 빈번하기 때문에 VIP에 신경을 써야 하며 객실, 식음료 등의 무료제공이 빈번하다. 카지노 시설은 호텔의 부대시설로 각광을 받고 있는데, 세계 여러 곳에 카지노 호텔이 유명하지만 미국 라스베이거스가 가장 유명하다고 할 수 있다. 라스베이거스 호텔들은 이벤트를 고려한 시설, 디자인이 우선시 되어 분수 쇼, 레이저 쇼와 같은 공연이 개최된다. 그리고 각 호텔마다 특색 있는 라스베이거스 쇼가 기획되는데 규모가 크고 투자금액도 상상을 초월한다. 1년마다 교체되는 소규모가 아니라 중장기적인 매머드mammoth급으로 한국 호텔의 쇼 제작과는 커다란 차이를 보이고 있다.

표 3•18 부대시설이벤트(야외 수영장 활용)

호 텔	내 용	비 고
서울하얏트	· 야외 수영장과 전망을 활용한 풀사이드 바비큐 이벤트 · 한강과 도심이 펼쳐지는 아름다운 전망, 수영장을 통해 비치는 은은한 불빛, 그리고 시원한 밤의 아름	· 개장 : 5월 12일(수) · 시간 : 저녁 6시~10시(우천시 폐장) · 가격 : 어른 62,000원,

	다운 분위기가 한데모여 이국적인 정취 선사 · 풀사이드 바비큐의 대형 참숯 그릴에서는 겨자 소스로 맛을 낸 쇠고기, 갈릭과 로즈마리를 곁들여 익힌 양고기, 닭가슴살 등의 육류와, 왕새우, 오징어 등의 해산물, 그리고 이탈리안 홈메이드 소시지 등을 주방장이 즉석에서 구워 제공 · 구운 감자, 샐러드, 볶음밥과 수프가 사이드 디쉬로 마련되며, 디저트로는 신선한 과일, 아이스크림, 다양한 종류의 케이크 등이 준비 · 생맥주나 와인을 무제한 즐길 수 있는 프리 플로우도 운영	80,000원(생맥주 또는 와인 무제한 제공), 어린이 31,000원 · 세금 및 봉사료 별도
워커힐	· 매년 색다른 주제로 꾸며지는 야외 수영장 '리버파크' · 지중해의 유명 섬 휴양지인 산토리니 풍 콘셉트 · 풀 사이드 뷔페에 그릭 샐러드, 문어 수볼라키 등의 지중해 스타일 메뉴 추가 · 알칼리성 온천수를 처음으로 공급해 온천수영장으로 유명 · 한강이 내려다보이는 국제 규격의 성인풀과 시원한 물살의 유수풀 및 유아 전용풀을 갖추고 있음 · 국내 호텔 수영장 중 가장 크고 폴리네시아 풍의 나무기둥과 하얀 커튼 장식의 2인용 럭셔리 선베드는 연인들을 위한 공간으로 인기 · 야외 방갈로 '파빌리온'은 가족을 위한 공간으로 선베드 2개와 사이드 테이블, 냉장고가 있음(대여료 20만원)	· 어른 8만2500원 · 어린이 5만5000원(뷔페 포함) · '뉴욕 핫도그 샌드위치' 등 단품 메뉴
제주신라	· 숨비정원의 원형 야외수영장 활용 이벤트 · 4개의 카바나를 설치, 카바나는 고급 야외 가구업체로 유명한 자뎅 드 빌 제품 - 한 동에 3,000만 원짜리로 아이보리색 러너로 장식된 카바나 안에는 2인용 침대, TV, 미니 냉장고, 티 테이블, 미니 아이스박스 등이 있음 · 카바나 안에서 식사도 즐길 수 있는데 꼬치 요리와 샐러드, 치킨, 과일 및 칵테일, 맥주, 와인, 사케 등 풀사이드 스낵과 풀사이드 바의 메뉴를 자정까지 주문 가능	· 카바나 사용료 : 10만, 20만, 15만원 카바나 패키지 · 객실 1박, 2인 조식, '슈틀리히 파킹엔' 미네랄워터, 콩당세 브랜드의 라이트닝 프로텍티브 크림(50㎖)이 포함(43만~57만 원)

호 텔	내 용	비 고
제주신라	- 무선 인터넷과 보드게임도 가능, 넷북 무료 대여 · 카바나는 각각 로사 · 베르베나 · 산달로 · 가로파노 등의 이름을 붙여 호텔에서 제공하는 '산타 마리아 노벨로' 브랜드의 아로마향의 이름 · 산타 마리아 노벨로는 400년 전통의 이탈리아 피렌체 뷰티 브랜드. 카바나를 이용하는 이들에게 산타 마리아 노벨로의 6가지 아로마 중 하나를 제공 · 카바나만 별도로 예약하거나 카바나 패키지를 이용 가능	
반얀트리클럽 & 스파 서울	· 야외수영장 '디 오아시스' 이벤트 · 이름 그대로 '도심의 오아시스'로 방해받지 않는 휴식을 보장하는 풀빌라 형태의 '카바나'가 자랑 · 독립된 작은 풀이 딸려 있는 23개의 카바나는 동남아의 근사한 리조트에 있는 풀빌라나 호텔 스위트룸을 옮겨놓은 듯한 분위기 · 파빌리온 형태의 카바나에는 풀과 자쿠지, 눕거나 기대 쉴 수 있는 침대 형태의 매트리스가 구비, 2명에서 12명까지 식사를 곁들인 소규모 파티도 즐길 수 있음 · 수영장 옆에 동굴 형태의 와인셀러가 있고 반얀트리 수석 소믈리에가 선정한 와인 리스트는 물론 마시다 남은 와인을 다음에 즐길 수 있도록 보관 · 풀은 성인풀, 유아풀, 영아풀로 나뉘어 있고, 영아풀은 유아풀에 쏙 파묻힌 형태-성인풀은 길이 35m, 너비 14m 규모로 수영을 즐기기에 충분 - 유아풀은 수심 0.7m, 영아풀은 0.3m로 얕아 아이들이 마음 놓고 놀 수 있음 · 소리 나는 피아노 분수, 물총 놀이기구, 미끄럼틀, 물고기 모양의 튜브 등도 있고 성인풀과 연결된 아쿠아 바에서 칵테일을 마시고, 풀사이드에 자리한 오아시스 레스토랑에서는 스낵을 즐길 수 있음	· 카바나는 별도 : 2인 20만 원부터 그랜드 카바나 / 95만원, 12명

* 2010년 프로그램 내용임

표 3•19 라스베이거스의 호텔 부대시설이벤트

호 텔	내 용	비 고
New York New York Hotel	· 1997년 오픈한 뉴욕의 뉴욕 호텔은 '자유의 여신상'을 중심으로 실제 뉴욕타운의 모습을 1/10로 축소해 놓은 곳 · 브로드웨이와 뉴욕의 뒷골목을 축소 재현해 놓은 호텔 시설 자체가 이벤트라고 볼 수 있음	
Riviera Hotel	· 리비에라 호텔은 40년 동안 라스베이거스에서 엔터메인먼트 중심 · 스플래시 쇼, 크레이지걸 쇼를 비롯한 11개의 각종 쇼가 공연되고 연중 각종 회의, 전시이벤트가 개최 · 영화 쇼걸에서 카지노가 나오기도 했고 케빈 코스터가 주연한 영화 '3천 마일'에서 메인 촬영지로 소개	
Luxor Hotel	· 룩소 호텔은 이집트 피라미드형의 테마 호텔로 개성이 강한 명소 · 3명의 독특한 캐릭터로 구성된 블루맨 그룹쇼가 최고 인기	
Mirage Hotel	· 열대림을 콘셉트로 객실 3,054개의 미라지 호텔 1989년 오픈 · 열대 화산 폭발, 인공 열대림과 '시그프리드와 로이스'의 마술쇼 유명 · 매일 밤 15분마다 펼쳐지는 화산 폭발의 장관 · 시크리트 가든에서는 돌고래와 코끼리, 사자 등을 전시	LOVE
Venetian Hotel	· 베니시안은 25억 달러에 달하는 천문학적인 투자를 한 호텔 · 인공으로 만들어진 운하를 따라 곤돌라를 타고 돌면 낭만의 도시 베니스를 그대로 옮겨 놓은 듯 잊지 못할 장관 연출	Phantom
Bellagio Casino & Hotel	· 총 공사비 16억불을 투자한 객실 3,000개의 매머드 five star 호텔 · 호텔 앞의 인공호수에서 26층 높이까지 치솟는 분수 쇼 장관 – fountain show는 천여 개의 분수가 파바로티, 프랭크 시나트 음악과 함께 펼쳐짐	O쇼
Caesars Palace Hotel	· 로마시대를 기본 콘셉트로 1966년 시저스 팰리스 호텔 오픈 · 헤비급 복싱 타이틀 매치가 자주 열리는 곳 · 영화 톰 크루즈와 더스틴 호프먼 주연의 '레인 맨' 촬영장소	

호 텔	내 용	비 고
Excalibur Hotel	· 중세 성을 그대로 옮겨 놓은 동화 속 호텔 풍경으로 MGM 호텔 앞에 위치하고 있음	
Pari's Hotel	· 스트립 중앙에 위치하여 프랑스 파리를 그대로 재현 · 패리스 호텔의 에펠타워는 벨라지오 호텔의 파운트 쇼의 가장 좋은 view, 스트립의 화려한 야경	
MGM Grand Hotel	· 총 대지 면적 43만4천4백평에 세워진 30층짜리 건물로 총 5천5개의 객실 보유, 1993년 오픈 · 4만평 규모의 카지노 장, 2만 명 수용의 실매극장 겸 특설 링, 5천대 이상을 수용하는 주차장, 가동 중인 엘리베이터 93대, 종업원수 약 1만 명에 육박	Ka
Stratosphere Hotel	· 109층 높이의 스트라도스피어 타워는 라스베이거스를 상징하는 이정표 · 타워 꼭대기에 'big sky restaurant'는 회전식으로 되어 있음 – 야경과 주변 경치 즐김 · 'big shot'과 X-screm은 스릴감을 즐기는 색다른 곳	

워커힐호텔 전통공연 '꽃의 전설'

부산롯데 공연

호텔 야외수영장 콘서트

MGM 그랜그 Ka

벨라지오 O쇼

윈 Le Reve

트레저 아일랜드 Mystere

미라지 Love

베네시안 Phantom

만달레이 베이 Lion King

09 연계이벤트

연계이벤트는 호텔이벤트 팀이 외부의 단체와 공동으로 주관하는 형식을 말한다. 호텔 내부의 확대된 개념의 스페셜 패키지와는 달리 외부의 다양한 이벤트 요소와의 결합을 시도하는 것으로 최근 활발한 모습을 보인다. 특히 문화예술 분야의 이벤트와 연계되는 양상이 짙고 호텔의 이미지와 어울리는 방향으로 고객을 유도하고 예술적 만족을 제공하고 있다. 행사의 장소가 호텔이거나 외부이거나 상관없이 공동 프로모션 하는 것이고, 이벤트의 형태는 예술적인 아트 페어, 미술 전시회가 있고 스포츠와 연계한 외부에서의 대회 이벤트가 많이 실시되고 있다.

호텔 아트 페어나 미술 이벤트는 공연이벤트는 아니지만 예술성 있는 이벤트로 호텔과 잘 어울리며 호텔의 기존 고객의 수준과도 동질성을 갖는다. 스포츠대회의 주최도 지역사회의 기여는 물론 이미지 제고 및 신규고객 창출에 기여한다. 대회에 적합한 호텔의 참여는 고객으로 하여금 일체감을 느끼게 하고 순수한 의도의 참여는 좋은 반응을 유도한다. 현대사회는 사회의 환원하는 기여의 분위기와 순수성 그리고 함께 하는 이미지 전략이 필요한데 호텔의 연계이벤트는 이것을 달성하는 좋은 수단이다.

최근 서울시내 특급호텔이 다양한 그림을 한자리에서 볼 수 있는 아트 페어, 혹은 전시와 공연을 결합한 문화예술이벤트를 선보이고 있는 것이 연계이벤트이다. 롯데호텔서울의 '아트 비컨 인 롯데호텔'은 일본, 중국 등 해외고객 비중이 다른 호텔보다 큰 점을 고려해 호텔 곳곳을 외교장소로 활용한다는 전략을 세우고 각종 예술품 장식은 물론 미식행사, 와인 갈라디너 등을 지속적으로 개최하며 호텔이 휴식, 문화, 예술, 쇼핑 등 복합적인 역할을 하는 공간임을 알리고자 노력하고 있다. 이러한 인식 하에 호텔은 지속적인 연계이벤트의 '거리'를 찾아 고객에게 만족을 선사한다.

신라호텔서울은 '아시아 탑 갤러리 호텔아트 페어'는 아시아 주요 갤러리가 참가하는 박람회로 호텔 객실 90여 곳에 전시된 미술품을 직접 본 뒤 구매할 수도 있다. 호텔의 객실이 전시장으로 바뀌어 고객을 자극한다. 일상적인 갤러리 전시에 비해 침대 위에 놓여진 그림, 욕조 안에 설치된 조각 등 다양한 공간 안에서 작품을 감상하는 게 색다른 재미를 제공하는 것이다.

그랜드하얏트서울의 신상호 작가의 작품을 로비와 야외 수영장 주변에 전시한다. 그동안 신상호 작가의 작품은 1993년에 개조된 로비를 비롯해 호텔 입구, 피트니스센터 등에 분산 전시돼왔다. 양을 주제로 한 애니멀 헤드 시리즈 등 신상호 작가의 작품들은 한국의 만화적인 색채가 가미돼 있어 외국인들에게 특유의 이미지를 심어줄 수 있는 것이다. 하얏트호텔의 특성을 살려 외국인을 상대로 예술작품을 수영장이라는 장소에 설치하는 이색적인 이벤트이다.

웨스틴조선호텔은 호텔에서 쾌적하고 여유로운 휴식을 위해 KIAF(한국국제아트페어 2010) 이벤트를 기획하고 혜택을 준다. 세계미술의 최고 정점을 볼 수 있는 전시회 관람과 일반적으로 잘 모르는 예술품 구매에 대한 클래스도 참여할 수 있는 연계이벤트이다. 이처럼 호텔은 문화예술에 관한 어떤 요소라도 연계하여 호텔의 이미지와 매출의 극대화를 추구한다. 예술이벤트라고도 할 수 있으며 신규고객 창출에도 커다란 기여를 한다.

표 3•20 연계이벤트(예술관련)

호 텔	내 용	비 고
롯데호텔서울	· 비컨갤러리와 공동으로 '아트 비컨 인 롯데호텔' 전시회 개최 · 본관 1층 개조를 위해 세워둔 가벽을 전시 공간으로 활용하여 눈길을 끔 · 대표작으로는 극사실주의 화풍으로 국전에서 대통령상	

	을 받은 주태석 작가의 '자연'을 비롯해 전준자 작가의 '축제', 석철주 작가의 '달 항아리' 등 총 30여점	
	· 아트 컨설팅회사인 헬리오아트와 공동으로 '2010 호텔 살롱 전시회' 개최 · '아트 인 마이 스페이스(Art in My Space)'를 주제로 국내외 탑 아티스트와 유망한 신진작가들의 작품 전시는 물론 작가와의 만남, 미술품 경매 등 다양한 프로그램이 포함	프레지덴셜 스위트룸
신라호텔서울	· '아시아 탑 갤러리 호텔 아트 페어' 개최 · 아시아 주요 갤러리가 참가하고 호텔 객실 90여 곳에 전시된 미술품을 직접 본 뒤 구매할 수도 있음 · 천편일률적인 갤러리 전시에 비해 침대 위에 놓여진 그림, 욕조 안에 설치된 조각 등 다양한 공간 안에서 작품을 감상하는 게 색다른 재미를 제공 · 작품을 소장하고자 하는 고객들은 '방에 걸린 모습'을 예측할 수 있어 더 좋은 평가 · 로비와 호텔 곳곳에 설치된 피카소, 라파엘 소토, 빌 탐슨, 김기창, 서세옥 등 서울신라호텔 소장품 관람과 연계돼 이루어짐	
그랜드하얏트호텔	· 야외 수영장 주변에 전시 개최 · 그동안 신상호 작가의 작품은 1993년에 개조된 로비를 비롯해 호텔 입구, 피트니스센터 등에 분산 전시되어 온 것을 수영장에 이색 전시 · 양을 주제로 한 애니멀 헤드 시리즈 등 신상호 작가의 작품들은 한국의 만화적인 색채가 가미돼 있어 외국인들에게 특유의 이미지를 심어줄 수 있음 · '말과 꽃'을 주제로 한 시리즈도 새롭게 전시	
웨스틴조선호텔	· KIAF(한국국제아트페어2010) 이벤트를 기획 · 호텔에서 쾌적하고 여유로운 휴식을 위해 세계 미술의 최정점을 볼 수 있는 전시회 관람 · 일반적으로 잘 모르는 예술품 구매에 대한 클래스도 참여할 수 있는 기회	

* 2010년 프로그램 내용임

각 호텔은 연계이벤트를 기획할 때 호텔의 특성에 알맞은 고유의 이벤트를 개최하고 정기적으로 실시하려고 노력한다. 〈표 3-21〉은 호텔의 외부단체와의 공동 프로모션의 형태로 연계이벤트를 실시하는 것을 보여준다. 호텔 내부의 장소에서 문화예술 주제로 연계이벤트를 추구할 때 호텔이미지는 물론 수익을 발생시키려는 노력이 많이 보이는데 비해 호텔 외부의 행사에 참여할 때는 다음과 같은 특징이 있다.

① 주로 이벤트대회가 많다 : 외부에서 주최하거나 단체와 함께 주최/주관하는 형태이다.
② 문화예술보다는 스포츠 프로그램으로 구성된다.
③ 지역 주민과 함께 하는 내용으로 구성된다.
④ 정기적인 이벤트를 실시하려고 노력한다.
⑤ 사회에 환원하고 기부하는 성격이 있다.
⑤ 호텔이 후원하고 순수한 기업이미지를 제고하려고 한다.

표 3•21 연계이벤트(외부행사 관련)

호 텔	내 용	비 고
르네상스호텔	옥토버 페스트	· 독일의 정통 맥주 축제인 옥토버 페스트를 호텔에서 개최 · 뮌헨과 실제로 같게 디자인을 하고 각종 게임 등이 열림 · 독일 대사관, 문화원, 주류 회사 공동 프로모션
신라호텔	국악의 밤	· 주한 외국인과 관광객에게 한국의 맛과 멋을 알리기 위해 정기적 개최 · 국악 공연과 전통 문화를 현대적 관전에서 조명하여 조화롭게 공연 · 문화예술 단체 공동 프로모션

조선호텔부산	북극곰 수영개회	· 호텔의 지리적 위치를 활용한 이벤트 · 외국인의 참여증가로 국제행사로 발돋움 가능성
	샌드웨지 골프대회	· 골프 동호인 친선대회 · 소년소녀 가장 돕기 기금조성
	오킴스 철인대회	· 해운대에서 열리는 수영과 달리기 대회 · 호텔 이미지 제고
	비치 모래 작품전	· 지역사회 발전에 기여 · 해운대 관광과 국제 친선 도모 · 호텔 이미지 및 고객 홍보
파라다이스비치	요트 이벤트	· 해운대 인근의 요트, 수상스키, 제트스키 이벤트 · 수상 레포츠, 낚시, 수영을 즐길 수 있는 프로그램
하얏트호텔	스케이트 이벤트	· 야외 특설링크에서 강습회 · 투숙객과 일반인 대상 · 선수들을 초청하여 개최하기도 함
	제이제이마호니 할로인 축제	· 할로윈 테마에 맞게 바를 디자인하고 접객원도 의상 준비 · 고객과 이벤트가 전문팀의 연출
	제이제이마호니 항공사의 밤	· 바를 비행기 모형으로 디자인 하고 접객원들은 승무원 복장 · 각 항공사 협찬 · 다양한 행사가 펼쳐짐
힐튼호텔	남산 걷기대회	· 시민과 함께 하는 건강 행사 · 환경의식 고취, 남산 가꾸기 사업 기금 마련 · 행사의 모든 수익금 환경단체 전달

* 선행연구를 참고로 저자 정리

인터콘티넨탈호텔 퀴담 공연

그랜트힐튼 옥토버페스트

노보텔앰배서더호텔 남아공 와인축제

호텔아트페어 인 대구

아시아 톱 갤러리 호텔 아트페어 서울

아트비컨 인 롯데호텔

부산 오킴스 철인대회

비치 모래 작품전

요트이벤트

10 온라인이벤트

서울소재 특1급호텔만 보더라도 모든 호텔이 이벤트를 실시하고 있고 홈페이지 상에서도 이를 홍보하기 위하여 뉴스와 이벤트란 항목을 만들어 적극적인 마케팅을 펼치고 있다. 호텔이 웹사이트를 이용하여 전개하는 모든 이벤트를 온라인이벤트on-line event라 한다. 세계가 인터넷 시대에 접어들면서 호텔기업은 첨단화를 바탕으로 온라인 마케팅이 주를 이루게 되었다. 온라인 마케팅에서 이벤트를 활용한 홍보와 혜택을 주는 프로그램은 고객들에게 이제는 자연스러운 하나의 현상이 되었다.

금융권에서 실시하는 온라인 마케팅처럼 절감되는 비용을 고객에게 돌려주고 고객이 직접 온라인이라는 세상에 참가해 체험하는 적극적 성격을 가지고 있다. 호텔은 고급스러운 공간에서 직접적인 서비스를 받음으로써 만족을 얻는 환대산업이지만 인터넷이라는 시대 환경의 변화와 이에 따른 고객서비스 패턴의 패러다임이 변화하게 된 것이다. 이미지를 먹고 사는 호텔도 변화된 인터넷 환경에서 고객과 호텔이 서로 유익을 줄 수 있는 이벤트 마케팅을 전개하고 혜택을 공유한다고 볼 수 있다.

〈표 3-22〉는 주요 호텔의 대표적 이벤트를 유사한 것을 기준으로 묶어서 유형을 분류해 본 것으로 호텔의 웹사이트를 통한 호텔이벤트 마케팅을 보여주고 있다. 홈페이지상의 호텔이벤트를 분석해 보면 식음료를 중심으로 한 프로모션, 기념일이벤트, 상품 패키지이벤트, 정기적인 행사가 있는데 동일한 형태의 이벤트가 주를 이루고 있다고 볼 수 있다. 즉 호텔마다의 특성을 살린 이벤트가 차별화되고 있지 못하고 유사한 행사를 기획하고 있으며 매년 반복되고 따라하는 식의 이벤트 실정이라고 할 수 있을 것이다.

호텔은 이벤트를 통한 장기적이고 지속적인 전략적 대안이기보다는 단기적인 수익성을 위한 영업위주의 이벤트기획을 하고 있는 것이다. 고객들은 선택의 폭이 줄어들고 호텔의 이미지 및 수익에도 결국 큰 영향을 미치지 못하고 있는 것이다. 웹사이트의 특성을 바탕으로 해외사례의 벤치마킹, 젊은 층을 겨냥한 아이디어, 실제 혜택을 가져올 수 있는 호텔이벤트가 필요하다.

표 3•22 웹사이트상의 호텔이벤트

형 태	내 용
식음료 프로모션 이벤트	· 계절과일 주스 프로모션, 와인 또는 주류 프로모션, 외국요리사 초청 메뉴 프로모션, 계절요리 프로모션 등
개관기념 이벤트	· 그때 그 사진을 찾습니다. 10, 20 주년 기념, 새로운 업장개장 이벤트 등
패키지 프로그램(하절기, 동절기)	· Summer package, Winter package, 수험생 package 등
주요 기념일	· 화이트데이, 발렌타이데이, 스승의 날, 어린이날, 어버이날, 추석, 크리스마스 등
정기적 이벤트	· Booker들을 위한 사은(여행, 선물, 식사 등)이벤트 · 연예인 초청행사(디너쇼, 사인회 등)

출처 : 선행연구를 바탕으로 저자 작성

〈표 3-23〉은 최근 2008~2009의 호텔 온라인이벤트를 정리하고 있다. 그동안의 이벤트와는 다른 스피드speed하고 차별적인 양상을 보이고 있다. 호텔이 더욱 젊어지고 즐거워진다는 느낌을 주고 언제라도 컴퓨터 화면에 손길이 가고픈 심리를 자극한다. 요즘 핸드폰뿐만이 아니라 다양한 장비들의 개발로 고객들은 첨단장비와 하나가 되어가며 생활의 한 부분이 되고 있다.

프라자호텔, 신라호텔제주에서 진행하는 온라인 할인이벤트는 기본적인 마케팅이다. 온라인으로 호텔을 홍보하고 신제품을 알리기도 하지만 동시에 고객의 참여를 유도하여 가격의 할인 혜택을 주는 것이다. 온라인 예약 시 식음료 할인쿠폰 제공, 패키지를 온라인으로 예약하면 객실혜택을 포함한 일정가격을 할인해 주는 것이다.

표 3•23 온라인이벤트

호텔	내용	비고
그랜드 인터콘티넨탈호텔	· 화이트데이 초콜릿 편지 이벤트 - 호텔 페이지에 '팬'으로 등록하고 연인에게 남기고픈 사랑의 메시지를 20자 이내로 올림 - 호텔 파티시 주방장이 직접 만든 하트 모양의 홈메이드 초콜릿 판위에 나만의 메시지를 써주는 편지 총 10개 마련 - 새롭게 오픈한 호텔 블로그를 알리고 고객의 참여 유도 - 특별한 화이트데이 선물을 마련하고 싶은 남성들의 관심 기대	2010
코엑스 인터콘티넨탈호텔	· '얼루어' 뷰티 페어 - 로그인 후뷰티 관람을 원하는 시간대와 참가하고 싶은 뷰티 클래스를 모두 선택하고 '응모하기' 버튼 - 1,200명을 랜덤 방식으로 선정, 동반 1인 참여 가능 - 얼루어 뷰티존, 뷰티 클래스, 엔터테인먼트 존, 사진전 등	
JW메리엇트호텔	· 개관 10주년 '그리핀을 찾아라' 이벤트 - 호텔의 로고인 그리핀을 배경으로 사진을 찍어 웹사이트에 올리면 추첨을 통해 호텔 숙박권과 식사권을 비롯한 특별한 선물을 증정하는 행사	2010
워커힐호텔	· 2NE1와 함께 하는 에뛰드 PINK PLAY 콘서트 - 리버파크 풀사이드에서 펼쳐짐 - 현재 에뛰드하우스 모델로 활동 중인 이민호 씨와 인디밴드도 함께 하여 열정적인 콘서트를 선보임 - 참여는 영수증의 행운번호를 홈페이지에 등록, 추첨을 통해 당첨자 발표	2010
리츠칼튼호텔	· 지하철 9호선 개통을 이용한 '넘버 9' 이벤트 - 질문 형식을 이용해 9자를 적게 하는 방식 - 레스토랑에서 사용할 수 있는 dinner set menu 10% 할인 쿠폰 - 정답자에게 9분께 가족 뮤지컬 '파라오는 살아있다' 티켓(1인 2매) 선물	2009
하얏트호텔	· 더 빅 웰컴(the big welcome), 365일 간의 무료 숙박 - 365일 간의 하얏트 숙박을 통해 평생 잊지 못할 추억을 만드는 당신만의 방법은 무엇입니까? 라는 질문에 답변을 선정	2009

호 텔	내 용	비 고
하얏트호텔	- 3명의 우승자에게 전 세계 어디서나 하얏트호텔에서 원하는 일정, 원하는 방식의 365일 무료숙박 - 웹사이트를 방문하여 참가, 최대 500자 단어 에세이	2009
앰배서더호텔	· 웹사이트 새단장 기념 대박! 행운의 경품 이벤트 - 계열사 공동의 그룹 웹사이트(www.ambatel.com)의 디자인과 온라인 예약 시스템 등 기능을 업그레이드하여 새롭게 오픈, 웹사이트 프로모션 이벤트로 9월 30일까지 행운의 경품 이벤트를 마련 - 행운권 추첨을 통해 프랑스산 고급 수입 자동차 푸조 승용차를 포함한 다양하고 푸짐한 경품이 제공	2009
프라자호텔서울	· 온라인 예약 이벤트 - 식음업장 20% 할인쿠폰을 제공 - 연인과의 특별한 날, 특별한 데이트 대상 고객 기대	2009
제주신라	· 봄맞이 온라인 예약 이벤트 - 유채꽃 여행을 즐길 수 있는 봄 패키지를 온라인으로 예약하면 5만 원 추가 할인, 선착순 신관 객실 제공	2008
	· LOVE vs FRIENDSHIP, What's your choice? - 노블레스 회원의 참여 기대 - 친구와 연인 중 제주도 여행에 함께하고 싶은 사람을 선택하고 그들과의 <특별했던 추억>을 남김 - 추첨을 통해 제주신라호텔의 로맨틱 패키지 숙박권 2매, 여우(女友) 패키지 숙박권 2매 제공	

이처럼 기본적인 혜택 외에 고객에게 기대하게 하는 왕대박 이벤트도 기획된다. 고객은 일상적인 혜택보다는 한 번의 커다란 혜택을 가지게 되는 행운의 기회를 잡는다는 내용이다. 고객은 사전에 주위 사람들에게 알리게 되고 실제 혜택이 호텔을 사용하므로 마케팅의 구전효과를 노릴 수 있다. 호텔산업에서 구전효과 만큼 결과적으로 효과적인 수단은 없다고 해도 과언은 아니다.

하얏트호텔의 빅 웰컴the big welcome, 365일 간의 무료 숙박이벤트는 그 대표적인 예이다. 365일 간의 하얏트 숙박을 통해 평생 잊지 못할 추억을 만드는 당신만의 방법은 무엇입니까? 라는 질문에 고객에게 답변의 글을 접수한다.

선정을 통해 총 3명의 우승자에게 전세계 어디서나 하얏트호텔에서 원하는 일정, 원하는 방식대로 365일 무료 숙박을 하게 하는 것이다. 웹사이트를 방문하여 참가하고 최대 500자 단어 에세이를 보내게 된다. 호텔을 사용하는 고객은 객실요금이 고가라 하더라도 문제가 없겠지만 전 세계 하얏트호텔의 365일 무료 사용은 할인의 개념과는 다른 대단히 흥미를 끄는 것이다. 고객은 이러한 특색 있고 차별적인 온라인이벤트에 환호하게 된다.

앰배서더호텔도 대박 행운경품 이벤트를 기획하여 선보였다. 웹사이트 새단장 기념으로 계열사 공동의 그룹 웹사이트의 디자인과 온라인 예약시스템 등 기능을 업그레이드해 새롭게 오픈, 웹사이트 프로모션을 기획한 것이다. 행운권 추첨을 통해 프랑스산 고급 수입자동차 푸조 승용차를 포함한 다양하고 푸짐한 경품이 제공되는 고객의 입장에서는 그야말로 실제적인 혜택을 받는 것이다. 호텔의 사용이라는 혜택이 아닌 경품이라는 혜택 방법을 취하고 있다.

JW메리어트호텔 서울의 개관 10주년 온라인이벤트 기획도 특별하다. 온라인이벤트인 '그리핀을 찾아라'는 호텔의 로고인 그리핀을 배경으로 사진을 찍어 웹사이트에 올리면 추첨을 통해 호텔 숙박권과 식사권을 비롯한 특별한 선물을 증정하는 행사이다. 호텔의 역사를 홍보하고 혜택을 주는 방법으로 호텔 로고와 고객의 사진을 참여시키는 이벤트로 고객은 호텔의 역사에 참여하는 인식을 가지게 될 수 있다.

워커힐호텔은 리버파크 수영장에서 펼쳐지는 콘서트에 무료 초청하는 이벤트를 기획했다. 인기절정의 콘서트 그리고 워커힐 야외수영장에서 요리와 함께하는 이벤트에 초대 받는다는 것은 실로 매력적인 것이다. 호텔을 사용한 영수증에 행운번호를 기록하고 이것을 추첨하여 이벤트에 초대하는 것이다. 이벤트에 초대하기 전에 호텔을 이용하게 하는 매출증대의 장점도 있고 인디밴드 공연과 가수 외의 인기배우를 섭외하는 고객의 심리를 잘 파악하고 있다. 리츠칼튼호텔은 지하철 9호선 개통이라는 사회적 이슈와 호텔의 지리적 장점을 홍보하는 이벤트로 고객에게 퀴즈를 내는 내용을 선보였다.

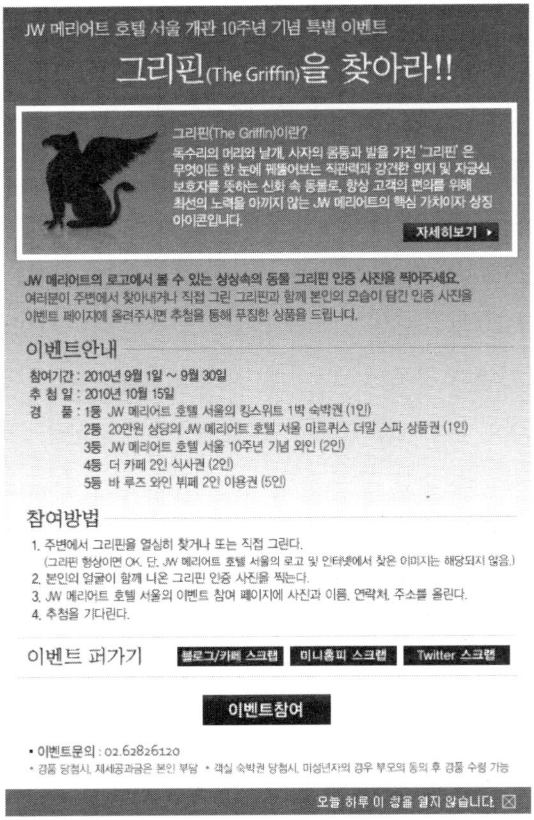

메리어트호텔 그리핀을 찾아라!

신라호텔제주 여행후기 이벤트

르네상스호텔 Royal Card

하얏트호텔 Gold Passport

표 3·24 호텔이벤트의 종류 정리

종 류	내 용	비 고
연회장임대이벤트	· 외부기획사 호텔 연회장 임대 - 가족행사 - 기업, 단체 - 컨벤션 - 전시 - 공연	이벤트기획사 PCO 공연기획사
영업장이벤트	· 호텔 상품별 이벤트 - 객실 - 식음료 - 연회 - 웨딩 - 케이터링	기본 패키지 (허니문 패키지)
스페셜 패키지	· 호텔 상품별 기본 패키지에서 확대된 개념 - 서머, 윈터 패키지와 같이 할인 위주에서 다양한 믹스상품으로 전환 - 뉴 로맨스 패키지 - 풀사이드 패키지 - 켓츠 뮤지컬 패키지 - 할로윈 파티	호텔 내부 위주
음악이벤트	· 영업장 밴드 등의 공연 형태 - 내국인, 외국인 섭외 · BGM - 영업장과 호텔 전관 관리	외국인 연주
기획공연이벤트	· 호텔 자체적으로 기획하는 공연 - 공연 위주로 기획 - 콘서트, 디너쇼, 음악회 - 호텔 연출 전문팀	연회장 위주
부대시설이벤트	· 호텔 부대시설 활용하여 자체적으로 기획 - 극장식당 쇼, 미술관 전시 - 객실을 이용한 전시 - 야외 수영장을 활용한 전시 - 주로 문화예술을 소재로 호텔 연회장 외에 부대시설 활용	부대시설 위주

연계이벤트	· 스페셜 패키지의 확대 개념 - 호텔 외부 단체와 공동 프로모션 - 주로 스포츠, 대회와 같은 행사와 연계 - 호텔의 이미지와 고객증대 기여 - 사회에 기여하는 순수성 표현	호텔 외부와 연계 위주
온라인이벤트	· 인터넷 홈페이지를 활용한 이벤트 마케팅 - 할인이벤트 - 참여이벤트 - 체험이벤트 - 혜택이벤트 · 호텔 홍보 및 매출에 기여	업그레이드 신속성

출처 : 선행연구와 실무적 경험을 바탕으로 저자 구성

표 3•25 주요 특1급호텔 Membership 정리

호 텔	멤버십	내 용
워커힐	슈퍼트리플	· 3개 특급호텔 쉐라톤그랜드워커힐, 리츠칼튼, 밀레니엄서울힐튼을 대표하는 통합연회원 프로그램 - 객실 : 본인 투숙 정규요금의 40% 할인(엑스트라베드, 미니바, 클럽라운지 별도) - 식음료 : 인원에 따라 20% 이상 할인 - 음료, 주류, 바 10% - 워커힐 시어터 20%, 디너쇼 10%
롯데호텔서울	프리빌리지	· 이용실적에 따른 포인트 누적, 객실 요금 할인 등 다양한 혜택 보너스 프로그램 - 투숙시, 발생하는 금액에 대하여 5% 적립(단, 롯데호텔 모스크바 3% 적립) - 적립된 포인트가 100이 되면 미화 100불에 해당되는 프리빌리지 포인트를 사용 - 포인트는 국내외 롯데호텔 및 롯데면세점 그리고 롯데호텔과 제휴한 15곳의 호텔 및 리조트에서 현금처럼 사용 · 객실 할인 - 서울 본관, 월드, 울산, 부산, 모스크바 : 연중 20% 할인 - 시티호텔마포 : 연중 10% 할인

호 텔	멤버십	내 용
롯데호텔서울	프리빌리지	- 제주 : 30% 할인(월~목요일), 20% 할인(금~일요일). 단, 성수기 7월 14일~8월 31일, 12월 21~12월 24일, 12월 29일~1월 2일은 제외 · 회원 특전 - 조간신문서비스, 전용사우나, 롯데월드 어드벤처 자유이용권을 20%, 롯데면세점 이용시 5~10%, 아시아나 항공 국내선 이용시 10%
그랜드 인터콘티넨탈	프라이어리티 클럽 리워드	· Priority Club Rewards - 자격 : 가입비 무료 - 포인트 또는 항공 마일리지로 적립 - 평일 신문 무료제공 - 호텔 간의 편리한 온라인 보상혜택 상환 - 세계 3,200여 개의 호텔에서 포인트 적립 및 상환 · 골드회원 - 자격 : 연간 15일의 숙박으로 20,000 포인트 적립 또는 연간 미화 50불 - 클럽 회원의 모든 혜택 - 기본 포인트에 10%의 보너스 포인트 적립 - 체크인 우선권 부여 · 플래티늄 회원 - 연간 50일의 숙박 또는 60,000 포인트 적립 - 클럽 회원의 모든 혜택 - 기본 포인트에 50%의 보너스 포인트 적립 - 72시간 전 예약 시 객실 예약 보장 - 플래티늄 회원들만을 위한 전화번호 이용 가능 - 체크인 시 업그레이드(상위급 객실이 가능 할 시)
조선호텔	멤버십클럽	· 플래티늄 클럽 - 연회비 : 99만 원 - 혜택 : 200만 원 이상의 무료 이용권 및 조선호텔 레스토랑과 호텔 직영 레스토랑 할인, 객실 할인, 격물 공부(플라워 & 라이프스타일 숍) 및 호텔 부대시설 할인, 제휴사 우대

		· 프레미어 클럽 - 연회비 : 서울 웨스틴조선호텔(45만원(개인) / 40만원(법인)) 부산 웨스틴조선호텔(34만원(개인) / 40만원(개인)) - 혜택 : 조선호텔 운영 레스토랑, 객실, 격물 공부(플라워 & 라이프스타일 숍), 호텔 부대시설 할인, 제휴사 우대 · VIP 클럽 - 연회비 : 50,000원 / 3년 - 혜택 : 조선호텔 운영 레스토랑 10% 할인, 객실 30% 할인, 격물 공부(플라워 & 라이프스타일 숍)10%할인, 세탁소 할인, 제휴사 우대

* 2010년 호텔 홈페이지 내용 기준임

Chapter 4

호텔이벤트의 기획

01 이벤트기획의 개념

기획이란 "목적에 따라 실행목표를 설정하고 그것을 달성하기 위하여 주어진 환경과 자원을 조사하여 최적화된 대안을 선택하고 그 실행방향을 조직적으로 구성하는 과정"으로 정의된다(Gunn et al., 2002; Kotler et al., 2006). 또한 한 번에 다루기에는 너무 많은 의사결정이므로 기획과정 자체를 위한 계획이 필요하고 의사결정 간에 상호의존적이며 선행의사 결정을 근거로 이루어진다는 특성을 가지고 있다(정만국 외, 2005).

이벤트의 경우 업무과정이 상당히 복잡하기 때문에 이벤트 매니지먼트event management라는 개념이 도입되기도 하고 이에 따른 기획과정을 단계별로 구분하여 설명하기도 한다. 이벤트기획은 이벤트의 개념을 기반으로 그 목적, 실행목표, 환경, 자원, 대안 등 기획의 요소가 어떻게 구성되고 강조되느냐에 따라 고유의 특성이 들어나는데 기획의 일반적인 특성인 목표를 설정하고 그 목표를 달성하려는 목표 미래지향성의 성격, 문제를 규명하고 조정하고 통제하는 동태적인 계속적 준비과정의 성격, 보다 바람직한 대안을 조직적으로 선택하는 통합적인 대안선택의 성격, 실행과 집행을 전제로 하는 행동지향적 성격과 그 맥을 같이한다고 할 수 있다.

이벤트의 개최는 주최자가 특정의도의 실행을 준비하는 단계로서의 기획에 관련된 부분, 그리고 참가자가 이벤트에 참여한 단계로서의 내용공유, 즉 실행에 관련된 부분으로 구성되는데, 실행은 주최자와 참가자의 목적이 달성되는 순간의 조합이며 이벤트 실행의 전제가 되는 기획은 그 목적을 달성하기 위한 준비과정이라고 말할 수 있다.

이벤트에 있어서 기획은 실행의 기본 바탕이 되고 그 내용은 크게 목적의 설정, 환경과 자원조사, 대안의 개발과 선택, 실행계획의 수립, 실행과 평가 그리고 반영의 과정으로 이루어짐을 알 수 있다. 특히 대안의 개발과 선택에 있어 목적달성을 위한 특정 형식의 프로그램 개발을 고려하게 되며, 그것이 요구하는 하위목표에 따라 실행계획을 조직적으로 수립하게 된다. 또한 다른 분야의 기획과 마찬가지로 이벤트기획의 범위를 양분해서 설명하면 포괄적인 전략을 개발하는 장기적 의미의 광의적 기획과 개별 프로젝트의 수행을 위해 목적에 적합한 프로그램의 개발과 실행을 다루는 단기적인 협의의 기획으로 구분되며 그 양면의 통합적 실천이 고려된다(김영석, 2008).

Boyne(2001)는 합리적 기획의 중요 요인들을 조사하여 기획의 특성이라는 입장에서 설명을 하였는데, 먼저 형식성으로 여러 목표의 명확한 표현과 문서화된 전략의 표현 등이다. 견고성은 희망하는 결과에 대한 정의, 외부와 조직에서 발생할 내용 예측, 대안전략의 개발, 전략의 평가와 결과의 관찰 등이다. 집중성은 제공된 자원의 수준이고 품질은 만족의 기준이 되는 미래예측의 정확성, 결과관찰을 위한 척도의 타당성 등이다. 포괄성은 계획에 조직의 모든 기능을 포함하는 것이고, 위임성은 기획에 특정조직이나 기획자에 의해 수행된다는 것이며, 실행성은 기획을 실행의 전제로 보는 것이라 했다. 또한 가변성은 새로운 상황과 정기적인 기획의 수정이라고 했다. 그리고 더 나아가 이 8가지 외에 4가지 측면에서 기획과 실행의 관계를 검토하고 있는데, 가장 먼저 제시하고 있는 내용은 기획이 적절히 적용되는 상황에 대한 검토로 복잡성, 역동성, 불확실성 그리고 도움이 되는 상황을 들고 있다. 다음으로 기획요인은 형식성과 견고성으로 제시되는데, 그 다음은 집중성과 포괄성 또는 가변성이다. 거의 무시되는 항목으로는 품질, 위임성, 실행성 등으로 정리하였다. 그리고 기획과 실행의 관계에서 기획에 의해 영향을 받는 실행의 한 측면으로 사회경제적인 실제적 효과의 검토를 주장했다.

표 4•1 이벤트기획의 개념

년 도	연구자	정 의
1997	Getz	· 이벤트의 계획성을 강조하고 기획은 항상 미래를 지향하며 목적의 설정과 달성을 위한 수단이라고 함 · 조직은 지속적 과정인 기획에 관여하고 일시적 이벤트 조직의 경우 유사한 방식으로 특정한 목표의 완성을 지향함 · 기획은 조직의 목적지향을 위한 지도력과 밀접한 관계가 있고 의사결정, 정책과 개발, 평가, 위기관리 그리고 책임과 한계의 설정 등을 위한 필요성 제안 · 고객만족과 양질의 실행을 위해 기획이 매우 중요 · 이벤트기획을 프로젝트기획, 운영과 현장기획, 업무와 전략기획으로 나누고 그 내용을 확장하여 관광지역을 위한 이벤트관광기획, 기획과 조직의 관계를 다룸
2000	이경모	· 이벤트기획 시 고려요소로 날짜와 시간, 개최횟수 등으로 구성되는 이벤트의 개최기간, 접근성을 결정하는 개최지역, 주위환경을 결정하는 특정장소로 구성된 이벤트 장소, 주최자와 표적화된 참가자로 구성된 이벤트 참가대상, 이벤트 개최개념의 설정과 나머지 구성요소를 결정하는 특정이벤트, 주제와 그것을 지지하는 각종 프로그램 운영과 연출방법 그리고 참가자의 서비스 등을 말함
2005	Goldblatt	· 기획은 직접적 자원의 활용을 결정하는 시간, 공간, 박자의 법칙을 필요 · 기획에서 수행되는 차이분석과 SWOT 분석의 수행을 통해 이벤트를 체계적 틀 안에서 성공적으로 개최할 수 있다고 함 · 최종적으로 수립되는 이벤트계획은 뼈대를 규명하고 설계단계에서는 가변적인 요소로 이벤트의 근육조직을 형성하는 것으로 설명 · 이벤트를 움직이는 원천이 되는 이벤트 전략적 계획수립은 이해관계자들에게 이벤트의 성공을 위한 방법, 사람, 시간구성, 기타 비평요소 등을 규명해준다고 제시 · 규격화된 수단과 과정으로의 기획은 보다 좋은 의사소통, 안전의 증진, 양질의 실행을 보장한다고 설명

년 도	연구자	정 의
2005	Allen et al.	· 기획을 조직의 현재와 미래의 바람직한 위치의 파악 그리고 그 위치에 도달하기 위한 전술과 전략 등의 구축 · 기존의 이벤트를 유치하는 경우에는 관련된 타당성 조사에서부터 이벤트기획이 시작되며 신규 이벤트를 개발하는 경우에는 주최에 따른 주요개념을 개발하고 타당성을 검토하는 것에서 이벤트기획이 시작된다고 함 · 이벤트실행이 결정되면 조직을 구성하고 실행을 위한 전략을 기획하며 구체적인 기획내용으로 이벤트 비전과 사명 그리고 목적의 수립, 달성목표 설정, 상황분석 수행, 전략적 선택 내용 규명, 실행계획(재정, 마케팅, 관리, 인적자원관리, 세부계획 등)의 수립, 통제체제 구축, 평가계획 등을 제시 · 나아가 그것을 실행에 적용하고 그 결과를 다음 기획에 다시 반영하는 것으로 마무리
	김희진	· 이벤트기획을 협의와 광의의 측면으로 구분하고 협의는 기획의 발상, 실행, 사후평가까지의 이벤트관리의 과정으로 마케팅측면이 강하다고 함 · 광의는 기업의 이미지 향상, 퍼블리시티 그리고 PR을 위한 수단으로 실시되는 이벤트기획의 한 영역을 나타내며 커뮤니케이션 효과를 기대하는 측면으로 설명 · 이벤트의 기능과 역할에 대한 올바른 이해를 전제로 하여 도달 가능한 목표를 설정하며 그에 따른 구체적인 전략과 전술을 입안함으로써 마케팅 커뮤니케이션의 새로운 방향 제안 · 기획에 있어 주최자, 프로그램, 표적대상 등 구성적 측면이 중심요인임

〈표 4-1〉에서는 이벤트기획의 개념들이 정리되고 있는데, 이경모(2000)는 이벤트의 개최기간, 개최지역, 이벤트장소, 참가대상, 특정이벤트, 프로그램, 운영, 연출, 서비스 등을 이벤트기획의 개념으로 설명하고 있다. Goldbatt(2005)은 이벤트기획에서 직접적 자원의 활용을 결정하는 시간, 공간, 박자의 법칙을 말하고 규격화된 수단의 과정으로서 보다 좋은 의사소통, 안전의 증진, 양질의 실행을 보장한다고 설명하였다.

Allen et al.(2005)은 이벤트기획을 기존이벤트와 신규이벤트로 나누어 설명하였는데 타당성 검토와 주요개념의 개발을 시작으로 기획이 이루어진다고 하였다. 그리고 이벤트기획의 조직, 전략, 내용, 세부계획과 운영계획 및 평가를 이벤트기획의 개념으로 설명하였다.

김희진(2005)은 이벤트기획을 협의와 광의로 나누고 협의적 기획은 마케팅 측면의 성격으로 보았고, 광의적 기획은 PR과 같은 커뮤니케이션 효과를 기대하는 측면으로 설명하였다. 구체적인 목표와 전략 전술로 마케팅 커뮤니케이션의 새로운 방향을 제시하는 것으로 이벤트기획을 개념화했다고 할 수 있다.

02 | 이벤트기획과 PD

이벤트는 고객client의 요구need에 맞도록 기획, 계획되는 하나의 과정인데, 현장에서의 연출 전 단계로 중요한 사전조사 및 기획의 내용을 알아야 한다. 이벤트가 결국 보여지는 행위라 했을 때 그것을 위한 전략적 기획단계의 중요성은 너무도 필요한 것이며 행사의 완성도를 보장하는 첫 걸음이라 하겠다.

이벤트기획에는 기획과 계획이라는 개념이 있는데, 기획은 영어로 plan 또는 planning에 해당하고 그 의미는 여러 아이디어를 조합시켜 어떤 목적을 달성시키는 것이다. 즉 이벤트에서 목적을 달성하기 위하여 필요한 수단을 생각해 내는 것이라고 할 수 있다. 그 의미를 확대하면 목적을 달성하기 위한 스케줄을 정하고 예산을 결정해서 실행으로 옮기기까지 정리한 것을 기획의 범주로 보는 것이다. 따라서 기획은 "어떤 것을 할 것인가?"와 "어떤 스케줄로 어느 정도의 비용으로 할 것인가?"의 두 가지 측면이 포함되어 있다고 할 수 있다.

계획은 영어로 program 또는 project에 해당하며 기획에 의해 정리된 내용을 실행하기 위해 여러 가지 자원, 즉 사람, 돈, 물건, 노하우, 정보, 시간을 확보하여 배분하는 것이다. 이와 같이 이벤트기획은 본래의 기획 의미에 계획의 의미를 어느 정도 가미한 내용을 말하게 된다.

아이디어를 기초로 목적 달성에 이르기 위해 필요한 수단의 조합을 생각하는 것만으로 기획이라고 볼 수는 없는 것이다. 그것을 "어떠한 형태로 성취할 것인가?"라는 구체성을 지니지 못하면 기획이라 볼 수 없다. 예를 들어, 예산이 결정되어 있는 상태에서 "아이디어로 어떤 수단을 어떻게 조합시키면 좋은가?"라는 것을 만들어가는 프로세스가 기획의 중요한 내용이다(장영렬 외, 2002).

프로세스로의 이벤트 실시계획 단계는 다음과 같다.

① 이벤트 기본구상(기획)
② 계획수립(기본계획) 및 실시계획(세부계획)
③ 장소선정(동선, 구성 및 배치 설계)
④ 시설계획(규모, 가설물 특징 역할)
⑤ 전시설계(디자인, 제작, 시공)
⑥ 시스템 계획(음향, 조명, 영상, 기타)
⑦ 장소와 관련된 법령과 수속절차 확인
⑧ 스텝회의
⑨ 행사장 세팅 및 리허설
⑩ 실행 그리고 피드백

위와 같은 이벤트기획의 단계를 거치게 되는데, 그 단계에 있어서 실제적으로 표현되는 것은 여러 문서작업의 결과물이다. 이벤트기획의 작성문서를 정리하면 다음과 같다.

표 4•2 이벤트기획의 작성문서 요약

항 목	내 용	핵심용어
기본기획 및 계획	· 고객이 의뢰한 이벤트에 대해 행사의 취지, 배경, 목적, 대상, 환경, 목표 등을 분석 · 콘셉트의 설정, 테마구성, 전략 등을 수립 · 이에 적절한 아이템 선정, 전개, 필요예산 수립 · 고객의 요구에 맞는 마스터플랜 제출	client, need concept target, theme master plan
프리젠테이션 기획	· 기본기획의 1차 제안 채택 후 구체적인 행사의 내용을 사진, 각종 시안 설계 등을 첨부하여 비주얼하게 발표할 수 있도록 준비하는 단계 · 행사 계약으로 가는 중요한 과정으로 모든 역량과 노하우를 결집시켜야 함 · 노트북을 이용한 프리젠테이션으로 주로 파워포인트로 작업하여 준비	visual presentation
운영매뉴얼	· 고객과 최종 협의한 내용을 이벤트 전반에 걸친 운영사항으로 자세히 작성하는 매뉴얼 · 행사내용, 진행요원, 인력, 물자, 시스템 모든 구성항독으로 세부적인 운영 방법을 실행가능 하도록 작성 · 행사대상에 맞게 연출자용, 스태프용, 진행요원 등 매누얼로 구분하여 효율적 운영	manual system
플로차트	· 시간, 구성에 의한 업무순서도, 배치도 · 구성항목을 나열하는 내용과 이벤트 준비에 필요한 작업 내용을 이해하기 쉽도록 도식화 한 추진일정표(업무스케줄)	flow chart
큐시트	· 프로그램의 순서와 시간에 따라 출연자를 표시하고 스태프를 음향, 조명, 영상, 특수효과, 소품 등으로 구분하여 시스템의 운영방법을 작성한 행사 진행표 · 연출과 시스템의 조화	Que sheet
큐카드	· 행사의 진행 동안 변경되거나 추가되는 사항을 적어서 출연자나 스텝에게 알려주는 메모 형식	Que card

항 목	내 용	핵심용어
시나리오	· 행사에 출연하는 출연자(사회, 발표자)의 대본, 각본 · 스크립트라고도 하고 주로 사회자 등 시나리오와 의전 및 공식행사의 연설자(대표 인사말 등)의 연설문에 필요	scenario script
체크리스트	· 이벤트 준비에 필요한 고려사항, 추진사항, 이력, 물자 등 전반적 사항을 정리 · 상태를 수시로 점검, 확인토록 표로 작성한 대조형식	check list
계약서	· 광고주나 고객과 대행사(기획사) 양자 간에 이루어지는 법적 동의서 · 기획사가 지급하는 서비스 조건, 의무, 계약금, 지불방법, 법적해석 등 관련 사항을 공식적 합의 후 서명, 날인	contract

이벤트는 이러한 기획의 과정을 통해 결국 Que-sheet의 형태로 드러나는데 현장에서 이벤트 PD가 연출을 하게 되는 나침반인 것이다. 예를 들면, 콘서트의 경우 큐시트를 바탕으로 PD(프로듀서)가 실제 현장에서 커뮤니케이션 수단인 인터컴을 차고 각 부문의 스텝을 진두지휘 하는 모습을 연상케 한다.

이벤트 프로듀서는 이벤트의 종류나 규모에 상관없이 하나의 이벤트 기획에서 연출, 시행, 개최에 이르기까지 모든 스텝을 총괄하고 이벤트 제작의 모든 책임을 져야하는 막대한 역할을 담당하고 있다.

즉 이벤트 계획단계에서 종료까지의 기획수립, 스텝선정, 예산배분, 공정관리 등 종합적으로 총괄하는 권한을 지니고 있다. 한편으로는 이벤트가 성공할 수 있도록 입장료 등 사업수익 증대를 위해 노력해야 하며 이벤트 효과측정 등의 업무를 수행해야 한다.

결론적으로 말하면, 이벤트 프로듀서는 기획, 제작, 운영, 그리고 재무까지 책임을 지는 이벤트의 최고경영자로서의 역할을 해야 한다. 그 이벤트에 관련된 기획, 조직, 지시, 조정, 통제, 관중동원, 홍보에 이르는 모든 관리를 책임진다.

이벤트 현장에서는 연출에 대한 책임을 지지만 대규모 호텔 및 관광이벤트에 있어서 연출의 특징은 사전에 준비위원회의 형식을 띠며 오랜 기간 준비함에 따라 그의 역할은 이벤트 총괄관리자가 될 것이다. 오히려 이벤트 PD는 총괄관리자로서의 역할이 더욱 크다고 할 수 있다. 이벤트 관리자의 업무순서를 정리하면 다음과 같다.

표 4·3 이벤트 관리자의 업무순서

항 목	내 용	관리 포인트
협력스텝 소집	· 선정, 교섭	· 협력조건, 계획, 계약
구상기획 확인회의	· 해석, 분석 등	· 스텝소집
기본계획 조사 실시	· 구상기획의 확인조사 및 보충조사	· 발주, 조사
논리의 구성계획	· 목적, 목표설정, 과제설정 · 해결책, 테마설정, 콘셉트	· 마케터 플래너 중심 →프로듀서
행사의 채택 구축의 계획	· 기획안의 재검토 · 새롭게 선정, 구축 · 행사단체와 절충	· 담당선정 · 동행입회
전체의 구성 기본사항 검토	· 주요 표제군의 설정 · 이벤트 아이덴티티 설정 · 전체구성의 점검	· 카피라이터 · 그래픽 디자이너 →프로듀서 중심
세부 전개계획	· 이벤트를 위한 구성요소별 전개의 점검 · 각 단체의 조직구성 · 대상의 설정, 동원, 마케팅 · 참가방법 설정 · 개최기간, 일시의 설정, 프로그램 설정, 각 행사별 연출 구성 계획 · 회장선정, 회장구성, 시설계획, 전시별 연출계획	· 전문 스텝별로 방침 지시 · 지시, 섭외, 책정 · 각 단체와 접촉 · 마케터, 미디어 등 · 홍보담당 운영 · 연출 스텝 · 디자인, 건축, 전시 스텝

항 목	내 용	관리 포인트
통합계획	· 위의 내용을 각 부문이 조정, 통합	· 이벤트 PD 중심
예산계획	· 대차대조 구성	· 상 동
일정계획	· 추진 일정표	· 상 동
기타자료	· 카탈로그, 샘플 등 실시계획 자료	· 상 동

출처 : 선행연구를 바탕으로 저자 재구성

이벤트기획은 이벤트라는 특별한 분야의 기획으로 반드시 알아야 할 용어들이 있다. 이벤트 PD는 기획용어들의 일상적인 사용을 위해 사전에 이해가 필요하고 연출자가 되고 싶은 지망생에게 숙지가 필요하다. 이벤트기획 용어는 〈표 4-4〉와 같다.

표 4•4 이벤트기획 용어

용 어	내 용
감정적 소구 (emotional appeal)	· 소비자들의 마음을 움직이기 위한 광고메시지의 한 유형으로 특별한 감정에 호소 · 합리적 소구와는 달리 언어자극이나 시청각적 자극을 통해 심리적인 감정을 느끼게 함
경 품 (sweepstakes)	· 콘테스트와 유사하나 소비자를 우월성에 따라 평가하지 않음 · 당첨자는 모든 응모권 내에서 추첨으로 결정되고 몇 가지 요구사항을 신청서에 기재
고객만족 경영 (customer satisfaction management)	· 고객의 심적 사고를 바탕으로 경영활동 전개 · 고객만족(CS)이란 고객이 제품 또는 서비스에 원하는 것을 기대 이상으로 충족시켜 감동을 줌으로써 선호도와 재구매율을 높이는 것
광 고 (advertising)	· 인적매체가 아닌 금전적 지급으로 제품과 서비스의 정보를 알리는 의사소통 수단 · 홍보는 비금전적임
기업이미지 통합 (corporate identity)	· 기업이미지에 대한 종합적 전략 · CI는 기업의 모든 메시지를 종합적으로 통제하여 고객에게 이해와 이미지 그리고 구매로 이어지게 하는 전략

니 즈 (needs)	· 요구, 욕구의 의미로 이벤트에서는 포괄적 의미 · 새로운 콘셉트를 추출할 때 다양한 발상을 전환시킴
다이렉트 마케팅 (direct marketing)	· 측정할 수 있는 반응이나 어떤 지역에서 거래에 영향을 미치기 위해 한개 이상의 광고적 매체를 이용하는 상호적 마케팅 활동 · 직접우편(direct mail), 우편주문(mail order), 텔레마케팅(tele marketing)
동선계획	· 이벤트가 진행되는 공간에서 참가자, 출연자, 스텝, 시스템, 기타 구성요소 등이 최고의 효율로 움직이는 것 · 이벤트에서 동선계획은 참가자의 집결 및 안내, 퇴장계획에서 연출을 위한 소품 이동계획까지 기획 단계부터 최대의 효과를 얻을 수 있도록 세밀하게 수립
라이프스타일 (life style)	· 환경과 상호작용하여 살아가는 나름대로의 독특한 생활양식 및 행동방식
레이아웃 (lay out)	· 편집, 인쇄 등에서 사진, 문자, 그림, 기호 등 구성요소를 지면에 효과적으로 배열
마케팅 (marketing)	· 기업이 경쟁 하에서 생존과 성장의 목적을 달성하기 위해 소비자를 만족시키는 제품의 가격, 유통, 촉진활동을 계획하고 실행하는 모든 과정 · 이벤트에서 마케팅은 기업이익이나 확고한 목적을 가지고 치밀하게 사전에 기획하여 이벤트 현장에 참가한 사람들을 대상으로 실행하는 모든 활동
시장점유 (market share)	· 시장점유율, 특정 제조업자 또는 판매업자의 제품 매출액이 산업 전체의 매출액에서 차지하는 비율
부 스(booth)	· 박람회, 전시회에서 설치하는 관람을 위한 작은 공간
상표 / 브랜드 (brand)	· 특정 판매업자의 제품이나 서비스를 다른 판매업자들로부터 식별하고 차별화하기 위해 사용되는 명칭, 말, 기호, 디자인, 로고와 이들의 결합체
상표인지도 / 브랜드인지도 (brand recognition level)	· 소비자가 기업이 판매 또는 제공하는 상표명에 대해 기억하고 구별하는 정도 · 구대하고자 하는 약간의 지식은 있지만 어느 특정 상표를 고집하고 선택하려는 의도
소구 / 어필 (appeal)	· 소비자에게 호소하여 상품을 구매하거나 애호심을 갖게 함 · 소구전략에는 누구에게 소구할 것인가를 신중히 검토하고 소구대상에게 상품의 어떤 특징과 편익을 판매 포인트로 강조할 것인가 결정해야 함

용 어	내 용
소구점(appeal point)	· 광고나 이벤트에서 상품이나 서비스의 가장 전달하고 싶은 특징
스폰서 (sponsor)	· 이벤트를 직접 기획하거나 진행하지 않고 행사취지와 목적에 대해 동의하고 후원하는 기업이나 단체 · 기업이미지나 홍보를 위해 기부금을 내거나 자사제품 지원 · 방송이나 광고에서는 광고주(client)의 의미로도 사용하지만 이벤트에서는 후원자의 개념으로 사용
시너지효과 (synergy effect)	· 어떤 양자 간에 있어 서로의 연관성 있는 공헌의 정도 · 상승효과의 최적화를 뜻하고 기업합병이나 경영다각화 등 기업경영의 전략 · 시너지 전략은 투입에 대한 산출효과, 2+2=5
시장조사 (marketing research)	· 상품과 서비스의 마케팅에 관한 모든 문제의 해명에 필요한 자료를 조직적으로 수집, 기록, 분석하는 것 · 시장실사, 시장분석과 보조로 매출액, 소비자조사, 광고조사 등
예 산 (budget)	· 이벤트 진행에 필요한 자금을 계산하는 일 · 좋은 콘셉트, 전략 테마의 이벤트라도 예산의 확보와 조달이 어려우면 의미가 없음 · 고객과 최종적인 결정과 정해진 예산범위 내 효율적 운영이 중요
오리엔테이션 (orientation)	· 클라이언트가 기획자에게 이벤트를 의뢰할 때 기획의 기본적인 의도를 설명하는 행위 · 기획의 방향, 실행에 필요한 요소를 설정하는 기획입안의 첫 단계
의견선도자 (opinion leader)	· 특정 주제에 관해 전문성과 지식을 보유하고 있어 제품구매 시 대부분의 다른 소비자에게 영향을 줄 수 있는 사람
이미지 (image)	· 사전적 의미는 어떤 사물이나 사람에게 받는 인상 · 이미지를 형성하는 것을 imaging이라고 하며, 최근에는 기업이나 상품에 대한 좋은 인상을 만들어내기 위한 기업 활동에 이용
주 최 (organize)	· 이벤트의 기획 및 운영에 관해 중심적인 역할을 담당하고 최종 책임을 지는 기업이나 단체
직접우편 (direct mail)	· 전단, 견본 등을 우편을 통하여 불특정 고객이나 예상 고객들에게 보내고 그들에 의해서 판매되는 방식
집객유도	· 타깃을 이벤트 현장으로 모으는 일 · 고객을 동원시키는 요인을 분석하는 것도 이벤트 기획단계에서 아주 중요한 요소임

캐릭터 (character)	· 일반적으로 많은 사람들에게 잘 알려진 특정한 개성을 가진 인기 있는 인물, 동물, 심벌을 가리키는 것 · TV 프로에 등장하는 중심적인 인물 등
커뮤니케이션 (communication)	· 언어, 행위, 문자, 도형 등의 매개로 사람과 사람 사이에 서로 의지, 감정, 사고, 정보 등을 전달하는 일 · 이벤트를 양방향 커뮤니케이션이라고도 함
콘셉트 (concept)	· 일반적으로 개념, 기본적인 사고방식을 의미 · 이벤트에서 콘셉트는 대단히 중요한 요소임 · 참가자의 공감을 얻고 감동을 일으키는 성공적인 이벤트를 위해 전략, 목표, 목적을 명확하게 구분하고 일체화시키는 콘셉트 필요
컴페니언 (companion)	· 이벤트에서 도우미(93년 대전엑스포 행사 후)로 많이 불림 · 이벤트에서 상품 설명이나 안내를 전문으로 하는 역할 · 내레이터는 상품 설명 기능이 강조
타 깃 (target)	· 제한된 자원으로 소비자들을 만족시키기 위해 제품이나 서비스에 가장 효과적으로 접근하여 목표를 달성하도록 목표시장내의 잠재고객 또는 이벤트 대상을 선정
테 마 (theme)	· 사전적 의미로 창작이나 논의의 중심 과제나 주제 · 이벤트에서 테마 선정은 행사기획과 진행의 흐름에 큰 영향을 주기 때문에 콘셉트를 추출한 후 신중하게 결정
통합적 마케팅 커뮤니케이션 (integrated marketing communication)	· 활용 가능한 매체의 기회와 장점을 보완적으로 극대화시켜 체계화, 조직화 하는 것 · 소비자와의 접촉을 극대화시키는 커뮤니케이션 수단
툴 (tool)	· 이벤트에 사용하는 기구나 장비 · 게임기구, 공기막 구조물, 대형 제작소품
판매촉진 (sales promotion)	· 유통이나 소비자를 상대로 행하는 홍보, 광고, 인적판매, 스폰서십 마케팅 외에 모든 판매 행위의 종합적 활동 · 주로 단기적 활동
팝(POP) 광고	· 구매시점 진열물(pount of purchase materials), POP 광고진열(pop advertising displays) 또는 판매시점 진열 등으로 불림 · 기능은 상품설명, 보조기구, 매장안내, 판매능률 촉진, 분위기, 광고/PR 보조
패러다임 (paradigm)	· 1962년 과학철학자 토마스 쿤의 저서 『과학혁명의 구조』에서 처음 언급 · 사전적 의미는 테두리, 범례인데 경영학에서는 조직을 지배하는 고정관념

용 어	내 용
퍼블리시티 (publicity)	· 기업이 제공하는 제품과 서비스에 대해 뉴스나 화제 거리로 다루게 하여 고객에게 홍보하는 활동
퍼블릭 릴레이션 (public relations)	· PR 또는 홍보하고 하고 광고, 퍼블리시티, 이벤트 등의 활동 수단보다 최상위 개념의 커뮤니케이션 수단
포지셔닝 (positioning)	· 타사의 경쟁제품에 비해 자사제품의 경쟁적 우위를 확보하기 위해 소비자의 마음속에 특징적인 이미지를 심어주는 홍보활동
프리젠테이션 (presentation)	· 발표, 제안, 설명의 의미로 클라이언트가 의뢰한 이벤트에 기획자가 의도와 운영방향을 도구나 요소를 시용해서 제시, 설명하는 행위
BI(brand identity)	· 브랜드의 이미지를 전략적으로 기획하고 구상하는 것

* event119 사이트에서 참조

03 호텔이벤트 기획

호텔이벤트는 현대호텔의 중요한 기능으로써 그 상품이 하나의 훌륭한 상품으로 탄생하기 위해 무엇보다도 먼저 이벤트 상품의 기획과정을 거쳐야 한다. 그렇지 않고서는 현대와 같은 구매자 중심의 시장인 기업환경에서는 이벤트 상품 자체가 상업의 객체로서 행세할 수도 없기 때문이다. 호텔에서 이벤트를 기획할 때 정확한 목표의식 없이 다른 경쟁호텔에서 이벤트를 실시하니까 또는 연중 실시하는 행사이니까 이번에도 실시하자는 형식적인 이벤트 개최는 곧 실패의 원인이 된다.

따라서 이벤트를 기획할 때에는 이벤트의 실시목적을 가장 먼저 염두에 두어야 한다. 즉 호텔이벤트 기획은 호텔이벤트와 직접적인 연관이 있는 것으로 호텔 고객의 욕구를 파악하여 이벤트 관련 상품이나 서비스, 가치를 창출하고 이벤트 활동을 통해 고객의 만족과 호텔기업의 성장 및 이윤증대라는 목적을 달성하는 일련의 총체적인 활동을 위해 준비하는 과정을 의미한다(이기국, 2008).

성연(2005)은 호텔이벤트 기획은 이벤트를 진행하기에 앞서 조직의 강점과 약점 그리고 환경적 요소에서 오는 기회와 위험요소를 판단하여 무엇이, 언제, 어디서, 누구에 의해서, 어떻게 행해져야 하는지 하는 것을 결정하는 구체적인 방법을 강구하는 과정임과 동시에 예측과 밀접한 관련을 가지고 있으면서 미래지향적이어야 한다고 하였고, 호텔이벤트 기획의 품질은 이러한 이벤트 기획과정 및 단계에서 반드시 필요한 요소들에 대한 고객의 평가를 의미한다고 하였다.

호텔이벤트 기획은 이벤트 기획에서 핵심적인 사항과 호텔의 특성을 잘 나타내주는 내용이 반영되어야 하며, 호텔이라는 상품의 특성을 또한 구체적으로 보여주는 복잡한 과정을 필요로 한다. 그러나 국내 호텔이벤트 개발모델을 연구한 실정이나 분석할 벤치마킹 대상이 부족한 것이 사실이다. 호텔이벤트 기획모델의 개념이 없는 실정이며 전략에 대한 과학적, 이론적 접근과 도출에 대한 흔적이 별로 없다는 것이다.

호텔이벤트 기획은 다양한 호텔이벤트의 종류로 인해 단일한 기획모델 제시가 어렵다는 것이 사실이다. 호텔식음료 기획모델 연구와 거시적인 관광이벤트라는 통일적인 기획모델의 제시가 필요하다고 할 수 있다. 그리고 호텔이벤트의 종류별 기획모델 제시가 뒤따라야 할 것이다.

1) 호텔이벤트 기획과정

일반적으로 호텔이벤트 개발단계의 기획입안 과정에서 고려하여야 할 효과적인 이벤트 전략은 〈표 4-5〉와 같은데, 크게 8가지 부문으로 살펴볼 수 있다.

기본전략수립 부문 중 상황분석은 마케팅의 상황분석처럼 호텔이벤트의 주체가 되는 어떤 특정 이미지나 호텔 조직 자체에 대내외적으로 영향을 미칠 수 있는 요소를 분석하는 것이다. 크리에이티브전략 부문은 이벤트의 핵심사상인 이벤트 기본계획에 절대적으로 영향을 받는 부문이다. 현장관리 부문은 이벤트 현장을 어떻게 관리해야지만 이벤트 프로그램에 대한 만족도나 관여도를 높일 수 있느냐 하는 내용으로 구성되는 주로 현장인력 관리나 편의시설 관리가 중심이다. 운영부문은 이벤트 실행에 대한 전반적인 계획을 수립하는 것이다. 이벤트홍보 부문은 이벤트를 알리고 관람객들을 현장에 유도하기 위한 설득적 커뮤니케이션 부문이다. 사업관리 부문은 이벤트의 수지를 맞추기 위한 이벤트마케팅 부문이다. 업무추진관리 계획은 이벤트의 기획단계부터 실행 단계, 실행 후의 평가단계의 전 과정을 거쳐 누가, 어떻게, 어떤 일정을 가지고 오차 없이 일을 효율적으로 이끌어가는 것을 규정하는 분야이다. 예산부문은 이벤트 기본 계획부터 각 부문의 계획이 포함된 모든 관련비용과 예상수입에 관련된 부분이다(최광환, 2002).

호텔은 원래 이벤트를 위해 지어진 것이 아니기 때문에 이벤트 행사에 따른 여러 가지 어려움이 있을 수 있다. 호텔마다의 지역적인 문제, 시설의 상이함, 특성이 다르기 때문에 자신마다의 상황에 맞는 장단점을 조화시키는 전략을 설정하고 창조적 아이템의 개발이 이루어져야 한다. 호텔이벤트 기획은 그 목표를 정확히 해두어야 하며 성공을 위한 목표의식은 기획 입안에서 종결까지 변하지 않고 추진되어야 한다.

표 4·5 호텔이벤트 전략부문

전 략	내 용
기본전략 수 립	· 호텔이벤트의 주체가 되는 어떤 특정 이미지나 호텔조직 자체에 대내외적으로 영향을 미칠 수 있는 요소를 분석 · 마케팅적인 상황분석 · 이벤트 핵심적 성격과 방향을 결정하는 단계로 목적과 목표를 설정하고 달성하기 위한 방법을 제시

창조적인 전 략	· 이벤트 기본계획에 절대적으로 영향을 받는 부문 · 공간적인 연출 프로그램과 시간적인 연출 프로그램을 구성하여야 하며 이벤트의 창조적 발상이 필요한 부문
현장관리	· 이벤트 프로그램에 대한 만족도나 관여도를 높이기 위한 관리부문 · 현장 인력관리나 편의시설 관리중심
운 영	· 이벤트 실행에 대한 전반적인 계획을 수립
이벤트 홍 보	· 이벤트를 알리고 관람객들을 현장에 유도하기 위한 설득적 커뮤니케이션 부문 · 홍보(Publicity) 중심
사업관리	· 이벤트의 수지를 맞추기 위한 이벤트마케팅 부문 · 여러 가지 방법을 동원하여 이벤트의 경제적 가치를 극대화 하는 부문 · 참가고객, 수익사업에 관련된 부문 · 이벤트를 상품으로 인식한 수익극대화 계획
업무추진 관리계획	· 이벤트기획 단계부터 실행단계, 실행후의 평가단계의 전 과정을 거쳐 누가, 어떻게, 어떤 일정을 가지고 오차 없이 일을 효율적으로 이끌어가는 것을 규명하는 분야 · 지금까지의 모든 부문과 관련
예 산	· 이벤트 기본계획부터 각 부문의 계획이 포함된 모든 관련비용과 예상수입에 관련된 부문

출처 : 조문식(2002). 이벤트 관광상품 전략설정에 관한 연구. 한국마케팅과학회. 16(2), 21-33

일반적인 이벤트는 그 과정이 매우 복잡하기 때문에 이벤트 매니지먼트 event management라는 개념으로 설명하기도 하는데 [그림 4-1]은 1단계인 이벤트의 기본개념으로서 기본전략 수립으로 여러 가지 상황을 분석하여 이벤트 목적, 타깃, 콘셉트, 일시, 장소를 수립하는 조사research 단계의 설명이다. 이때 호텔이벤트의 기본전략 수립은 브레인스토밍(분임토의)을 통한 아이디어 창출, 이벤트 사업적 성공성 분석 및 경쟁호텔과 비교하여 장단점, 강약점SWOT을 분석하고 호텔의 당면과제를 도출하여 발굴해야 하는, 즉 이벤트 기회를 찾아내는 것이다.

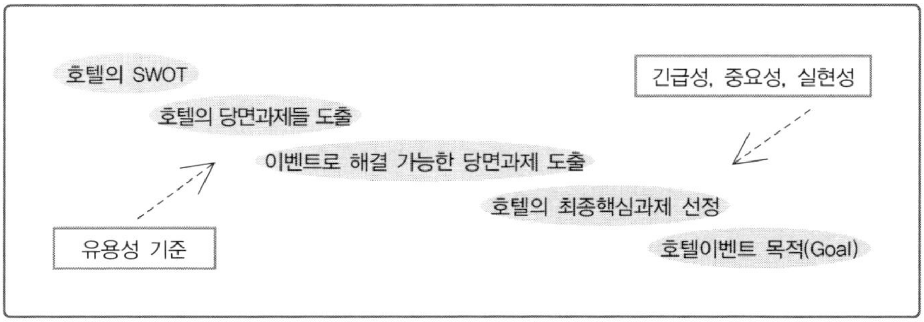

출처 : 신강현(2004). 호텔판매 촉진을 위한 이벤트개발 방안, 관광경영연구, 8(3), 173

[그림 4-1] 호텔이벤트 기획의 기회 발견

다음으로 2단계에서는 크리에이티브 내용을 표현하는 것으로 '누구에게', '무엇을'이라는 가장 핵심적인 이벤트의 목적을 결정하는 단계이므로 과학적이고 이론적인 접근이 필요한 기획입안design 과정이라고 할 수 있다.

3단계에서는 이벤트의 기본계획서에 의해 기본방향, 기본적 프로그램 구성, 기본적인 운영, 홍보, 사업계획 등이 합의가 되면 각 분야별 전담인력이나 조직을 선정하고 전체의 프로세스 관리를 위해 이벤트를 준비할 때부터 이벤트 실행과 실행 후 업무까지 수행해야 될 업무 중심의 전체 체크리스트를 만들고 각 체크 항목별로 단계별 업무일정, 업무분장 표를 작성하는 것으로 실행계획planning이다.

4단계는 이벤트 현장에서의 편의시설, 현장인력, 전시관 등을 관리하는 현장 운영관리와 이벤트를 추진하는 추진조직, 업무단계 등을 기술하는 업무추진관리가 협조하여 조화를 이루어야 하는 협조체제 유지coordination이다.

5단계는 이벤트 전체의 종합적인 점검과 실제 상황과 같은 연습이 이루어지는 리허설rehearsal과 리허설 후 고객에게 직접적으로 이벤트를 적용하는 단계이다.

마지막으로 6단계는 이벤트를 하나의 상품으로 보고 이벤트 마케팅을 통한 여러 방면에서의 수입을 극대화하고 총 지출을 산정하는 단계로 이벤트에 대한 효과 측정과 평가, 반성 등이 시행되는 평가evaluation이다. 〈표 4-6〉에서 단계별로 설명되어지고 있다.

또한 이상우(1995)는 호텔이벤트의 기획과정을 '신 이벤트 개최'라는 단계로 설명하였는데 도입단계, 기본계획단계, 실행계획단계, 실시단계, 평가단계인 5단계로 구분하였다. 먼저 1단계에서는 목적과 목표를 설정하는 것이고 2단계에서는 테마와 2H / 6Whow, how much, who, why, what, where, when, whom를 결정하고 3단계에서는 이벤트 마스터플랜과 이벤트용품의 기획제작을 하는 것이다. 4단계로 이벤트 실시를 하고 마지막으로 이벤트를 평가하는 과정으로 기획과정을 설명하였다. 호텔에서 이벤트를 기획할 때 타 경쟁호텔에서 이벤트를 개최하니까 우리 호텔에서도 개최해야 한다는 사고의 기획 개념이 실패원인의 핵심임을 강조하고 있다.

표 4•6 호텔이벤트 기획단계

단 계	내 용
마케팅조사	· 상품성 조사 및 기획회의 · 브레인스토밍을 통한 아이디어 창출, 수집 · 사업의 매력성, 차별성 분석 · 호텔 내부, 소비자 또는 경쟁호텔에서 정보수집
기획입안	· 이벤트 전략부문 제시 · 시장여건, 호텔현황, 시장 환경, 고객소비 성향 등을 고려 · 이벤트 개최할 업장 및 조직 선정 · 이벤트 규모, 기간, 판매액, 이익목표, 가격 등 결정 · 예산의 운용 등 구체적 마스터플랜 계획
실행계획	· 이벤트 오더 작성(식음료, 장식, 레이아웃, 스케줄, 프로그램, 세부상황 등의 실시플랜) · 판촉용품, 광고 등의 계획 및 작성 · DM 활동 · 이벤트 전개에 필요한 장비, 행사장 세팅, 디스플레이용품 준비 · 사전에 확정된 가격과 예상 인원수, 메뉴에 의거하여 조리부에서 식사준비 · 행사예약자, 판매자, 기획자 등 관련스텝 회의

단 계	내 용
협조체계	· 부서 및 이벤트 조직 간의 원만한 협조체계를 유지를 통한 이벤트의 효과극대화 추구 · 외부 무대 관련 인력과도 긴밀한 협조
리허설 및 진행	· 개발된 상품을 호텔 내의 각 영업장에서 고객에게 시험적으로 제공하여 테스트하고 고객의 반응을 파악하여 상품의 실패위험을 최소화함 · 여러 단계의 계획, 개발된 이벤트 상품을 호텔 내에 이벤트 행사에 참가한 고객에게 제공 · 접점 서비스가 중요
평가 및 피드백	· 이벤트 성공여부, 상품화 가치의 평가 · 이벤트의 목적과 콘셉트 등 결과 gap 분석 · 평가서 및 보고서 작성 · 사후관리 및 대책준비

출처 : 김영구(1998). 특색 있는 지역단위 이벤트 활성화 방안. 김해발전연구. 3, 307

04 호텔식음료이벤트 기획모델

기획planning이란 바람직한 미래를 설계하고 이를 달성할 수 있는 방법을 명세화 하는 과정이다. 또한 한 번에 다루기에는 너무 많은 의사결정이므로 기획과정 자체를 위한 계획이 필요하고 의사결정 간에 상호의존적이며 선행의사 결정을 근거로 이루어진다는 특성을 갖고 있다(정민국 외, 2005).

[그림 4-2]는 그동안의 호텔이벤트 전략에 관한 연구를 바탕으로 호텔식음료이벤트 기획모델을 도출한 것이다. 기존 연구의 양적 · 질적 한계에도 불구하고 호텔식음료이벤트의 다양한 현상을 이론화하고 모델화하려는 시도로 의미가 있다 하겠다.

기획회의 ↓	·마케팅 연간계획에 근거한 기획입안 ·브레인스토밍, SWOT 분석 등 ·아이디어 수집단계로 기획, 조리, 홀, 원가 공동미팅(1차)
마스터플랜 ↓	·공동 2차 미팅(마케팅 주관), 이벤트 상품 결정 ·호텔의 여건, 특징, 포지셔닝 고려한 차별전략 추구 ·콘셉트와 타깃 설정, 2h6w 계획
실행계획 ↓	·프로그램, 운영계획, Q-sheet ·이벤트 오더 작성과 외부업체 작업 / 발주 계획 ·메뉴, 장치(무대, 음향, 조명 등), 디자인 장식, 레이아웃 등 ·인력계획과 Time schedule
홍보계획 ↓	·DM, 포스터 활동(푸드코디네이터, 포토디자이너 회의) ·인적 Sales 활용(판촉부서) ·고객 데이터베이스 마케팅기법
출연 / 스텝관리 ↓	·마케팅, 조리, 스튜어드, 홀, 바 등 연석회의(3차) ·Coordination & Corporation ·외부인력 관리(연출시스템, MC, 가수, 공연단 등)
조리계획 ↓	·메뉴 Engineering, Cost control, 예상인원 및 구매관리 ·해당 Beverage 준비, 기물관리 ·VIP 체크 등
세팅 / 리허설 ↓	·메뉴 이벤트의 경우 사전 테스트 실시 ·행사장 hard & software 세팅, 인쇄물, 비주얼 등 ·Dry rehearsal & Run through
진행 / 피드백	·All stand-by, 이벤트 상품 고객에게 제공 ·서비스 연출, 평가 및 사후 보고서 작성 ·고객데이터 축적 및 이벤트 가치향상을 위한 노력

[그림 4-2] 호텔식음료이벤트 기획모델

호텔식음료이벤트의 명확한 개념과 분류, 그리고 기획모델의 도출을 통해 호텔식음료이벤트의 설명은 물론 이벤트 기획자 입장에서도 체계적인 전략적 기획과정이 가능하게 되는 것이다. 제시된 호텔식음료이벤트 모델은 포괄적 식음료기획의 정의와 전략적 수준에서의 단계별 기획과정을 모델화한 것으로 실제 호텔기업의 해당 부서나 담당자에게 쉽게 인식되고 전달될 수 있을 것이다.

호텔식음료이벤트 기획모델은 총 8단계로 이루어지는데 호텔기업의 마케팅부서의 연간계획에서 출발하고 있다. 이것은 해당 영업장에서 조리담당의 정기적이고 반복적으로 이루어지던 이벤트를 이제 종합적인 마케팅적 시각에서 다루고자 하는 것으로 한 번의 피드백 된 이벤트의 결과가 선 순환적으로 기획되어 시너지효과를 낳는 것이다.

호텔식음료이벤트 기획에서 중요한 점은 이렇게 기안된 1차기획이 호텔의 조리, 바, 홀, 원가 등의 부서와 공동회의를 통해서 점차 발전하게 되는데 이벤트기획의 성공에 커다란 영향을 미친다. 호텔은 조리라는 다른 산업에서는 찾아볼 수 없는 특수한 기능이 중심을 이루며 여기에 서비스, 공연, 엔터테인먼트 요소가 첨가됨으로써 이벤트가 완성되는데 이벤트관련 연석회의는 대단히 중요하다 할 수 있다.

행사의 마스터플랜이 정해지면 세부적인 실행계획이 필요한데 구체적인 프로그램이 작성되고 운영계획 및 현장에서 진행에 필요한 시나리오가 만들어진다. 호텔내부의 실시계획의 전달은 이벤트 오더 형식으로 전달이 되고 외부의 협력업체들은 발주나 작업지시서에 의한 형식을 띤다. 실행계획이 단지 계획서로만 끝나는 것이 아니라 실제 현장에서 움직이게 하는 나침반 같은 역할을 하는 것으로 추진일정에 따른 인력운영 및 제반사항에 대해 면밀한 검토가 필요하다.

호텔식음료이벤트 홍보계획에서 살펴보아야 할 점은 단지 인쇄물 만들고 행사를 알리는 것이 아니라 실제 참여할 고객 리스트를 예상화 하고 적극적인 홍보활동을 벌여 이벤트를 알리는 것이 아닌 실제 매출을 향상시키는데 기여하는 것이다. 전문성이 요구된다 하겠다.

이벤트에 필요한 장치나 가수, 공연물 등의 계약 후 관리가 중요하며 이벤트 현장에서의 뜻하지 않은 변수들을 최소화시켜 행사의 완벽도를 높이는 것이다. 호텔식음료이벤트에서 조리생산 계획은 기획과정의 핵심사항으로써 예상인원수를 바탕으로 구매, 조리, 서비스로 이어지는 상품화 프로세스이고, 이를 위한 고객대응이나 기물관리 등도 체크사항이라 하겠다.

사전 테스트를 거친 메뉴로 행사장의 디스플레이와 내용적 측면들이 준비되고 리허설이라는 과정을 거쳐 현장에 선보이게 되는 것이다(김동준, 2010).

실내이벤트 무대

실외이벤트 무대

연출 콘솔

조명 바튼 작업

음향시스템

특수효과(CO_2, 에어샷)

Chapter 5 관광이벤트의 기획

01 관광이벤트의 개념

관광이벤트란 궁극적으로 관광객으로 하여금 관광지 이미지를 창출하는 것으로 진정한 관광이벤트의 성공여부는 독창적, 과학적, 국제적 그리고 미래지향적인 성격을 기초로 하여 특색 있는 주제와 매력적인 관광대상의 연출과 치밀한 기획의 추진이라는 요소가 종합될 때 결정지어진다.

관광개발의 다른 유형들과 마찬가지로 관광이벤트는 지방자치단체, 민간사업체 그리고 지역주민의 절대적 지지를 필요로 한다. 또한 관광개발을 위한 기본적 규제들은 관광이벤트에도 동일하게 적용 가능하다(Richard, L. Howell, 1988).

Getz(1989)는 과거의 이벤트들은 비관광적 이유, 곧 종교적 휴일이나 각종 스포츠경기 대회, 지역사회에 전통문화축제 등의 유형들이었으나 오늘날에는 이벤트가 관광적 효과 제고라는 목적 하에 이벤트를 하나의 관광상품으로 등장시키고 있다고 하였다.

한국관광공사(1995)에 따르면, 관광이벤트란 일반적으로 외래 관광객의 유치를 목적으로 기획된 행사나 외래관광객의 관심을 가질만한 관광자원적 매력이 높아 외래 관광객의 참여율이 높은 행사라고 했고, 조명환 외(1997)는 관광지 고유의 문화 발굴보존은 물론 새로운 지역문화를 창출하여 관광의 잠재수요 개발과 확대를 위한 일련의 행사라고 하였다. 그리고 관광이벤트는 개최범위에 따라 국제적인 대규모 행사로서 올림픽 및 박람회에서부터 기업이벤트 및 지방소도시의 그 지방 고유의 민속축제에 이르기까지 그 범위는 실로 다양하다고 하였다.

이미혜(2000)는 긍정적인 관광이미지를 창출하는 한편 관광객에게 다양한 볼거리, 놀거리 등의 제공으로 관광활동 욕구를 유발하여 관광수요를 창출하거나 관광지역 이미지 제고를 위해 개최되는 관광목적의 사건이나 행사를 관광이벤트라고 정의했고, 신강현(2004)은 관광산업 활성화를 위하여 개발된 소프트웨어로 보면서 지역이벤트, 국제회의 등이라고 하였다.

따라서 관광이벤트를 '관광산업으로의 목적에 이벤트 상품이 접목되어 새로운 엔터테인먼트 가치를 만들어내는 문화활동의 총칭'으로 정의하고자 한다. 〈표 5-1〉은 관광이벤트의 개념에 대한 학자들의 정의를 보여주고 있다.

관광이벤트의 관광적 효과로 경제, 사회, 문화, 환경적 효과를 들 수 있는데, 관광지에서의 이벤트 개최는 관광객들에게 다양한 관광활동을 경험할 수 있도록 볼거리나 놀거리 등을 제공함으로써 관광지의 기존 관광자원이나 시설 등의 관광대상 외 관광경험의 부가가치성을 높음으로써 관광지 매력을 높이는 것이다.

지역경제의 침체기를 가질 수 있는 경우는 대안으로 얼음조각 축제나 스키 등의 각종 동계 스포츠대회 등을 개최함으로써 관광지의 계절성을 해결하는 방안의 하나로 이벤트를 개최하기도 한다. 관광객은 지명도가 높은 관광지를 중심으로 활동하는 경향이 있는데 지역의 특색 있는 이벤트를 기획한다면 이미지 제고나 수요를 증대시켜 인근지역까지도 영향을 미칠 수 있다.

최근에는 리조트나 관광지 내 박물관, 역사 사적지, 레크리에이션시설, 쇼핑센터나 지역시장, 스포츠시설, 컨벤션센터 그리고 주제공원 등의 시설에 기존 프로그램 외에 특별이벤트를 개최하고 있는 추세다. 또한 그 이벤트는 전세계 미디어의 관심이 집중되기도 하는데, 홍보 면에서 무한한 가치가 있으므로 잠재적인 이미지 형성에 영향을 주는 것이다. 각 도시들은 이런 이유로 세계적인 이벤트를 유치하려고 엄청난 노력과 로비활동까지도 진행하고 있는 것이다.

세계박람회나 올림픽과 같은 메가성 대규모 이벤트는 관광기반시설의 개발을 불러오는데 관광적으로 매우 고무적인 일이다. 무역박람회나 전시회, 컨벤션은 상업적 관광이벤트로서 구매자와 판매자가 만나 경제적 교역의 장을 제공한다.

표 5•1 관광이벤트의 개념

년 도	연구자	정 의
1989	Getz	· 과거에는 비관광적 이유, 곧 종교적 휴일이나 각종 스포츠경기 대회, 지역사회에 전통문화축제 등의 유형들이었음 · 오늘날에는 이벤트가 관광적 효과 제고라는 목적 하에 이벤트를 하나의 관광상품으로 등장시킴 · 각 지역이나 국가들은 각종 주제 하에 새로운 관광이벤트를 창출
1995	한국관광공사	· 외래 관광객의 유치를 목적으로 기획된 행사나 외래 관광객의 관심을 가질만한 관광자원적 매력이 높아 외래 관광객의 참여율이 높은 행사
1996	박정선	· 관광지의 매력을 부가하는 각종 문화축제나 특정행사를 개최함으로써 관광객이 풍요로운 마음을 갖게 하고 나아가 지역이나 국가차원의 관광이미지를 긍정적으로 창출하는 것 · 관광이벤트는 일정한 관광자원에 특정주제를 부여하여 연출함으로써 부가가치를 극대화하는 가치창조 작업
1997	이정자	· 관광객뿐만 아니라 지역주민에 대한 여가나 문화활동의 기회제공, 지역개발 촉진, 비영리조직의 재원확보, 관광진흥, 지역상징성 제공, 긍정적 공공관계와 이미지 창출 도구 · 긍정적인 인식과 호응을 받으면서 대규모적이고 조직적으로 개최
1998	박현지	· 이벤트 성격이 독특한 관광매력을 발휘하여 관광자를 유도할 수 있는 관광상품적 가치가 있는 이벤트를 의미하기 때문에 이벤트가 관광상품적 가치를 나타내면 곧 관광이벤트
2000	이미혜	· 긍정적인 관광이미지를 창출하는 한편 관광객에게 다양한 볼거리, 놀거리 등의 제공으로 관광활동 욕구를 유발하여 관광수요를 창출 · 관광지역 이미지제고를 위해 개최되는 관광목적의 사건이나 행사
2004	신강현	· 관광산업 활성화를 위하여 개발된 소프트웨어 · 지역이벤트, 국제회의 등
2010	김동준	· 관광산업으로의 목적에 이벤트 상품이 접목되어 새로운 엔터테인먼트 가치를 만들어내는 문화활동

관광이벤트 참가자의 높은 소비지출은 지역사회에 경제적 이익을 주고 이것이 주요 도시에 컨벤션센터나 이벤트 장소를 마련하게 하는 요인이 되고 있다. 세계박람회나 메가 이벤트는 전통적으로 전문가들의 총회나 모임을 경제적 사업과 결합시키고 행사 조직위원회는 종종 이벤트를 관광상품으로 연계하여 미디어의 관심과 영향력 있는 유명 인사의 개인적 방문을 유도하면서 경제적 상승효과를 초래하는 것이다. 즉 관광이벤트에 수반되는 거대한 자본투자와 하부구조 시설개선은 지역이나 국가경제 활성화와 삶의 질 향상을 가져온다고 볼 수 있다.

관광이벤트의 범위를 살펴보면 크게 문화컨텐츠 영역과 엔터테인먼트 영역으로 나누어 볼 수 있다. 이들의 영역은 뚜렷하게 구분되기보다는 상호 연계되어 기능하는데 다시 세분화하면 방송연예, 문화예술/스포츠, 이벤트컨벤션, 여행/항공/호텔/외식(관광상품) 등으로 구분해 볼 수 있다. 관광이벤트를 산업적으로 분류해 보면 메가(대규모)이벤트, 지역축제, 기업이벤트, 컨벤션(국제회의), 전시회, 공연예술, 메세나, 레저스포츠, 미술이벤트, 인센티브투어, 호텔이벤트, 레크리에이션, 파티플랜을 포함한다.

호텔기업은 관광산업의 중추적인 역할을 해왔고 이벤트라는 강력한 마케팅 커뮤니케이션 수단과의 결합을 통해 호텔이벤트라는 관광이벤트의 한 분야를 창출해낸 것이다. 관광이벤트라는 산업적 측면에서 호텔이벤트를 바라보고 고객에게 만족스러운 즐거움을 제공하는 호텔이벤트 기획이 세워져야 한다.

02 관광이벤트 기획모델

관광이벤트는 그 범위가 다양하고 복잡한 특성이 있어서 하나의 단일화된 기획모델이 어려우나 규격화된 수단과 과정으로의 기획은 보다 좋은 의사소통, 안전의 증진, 양질의 실행을 보장한다고 설명하는 Goldbatt의 견해를 지지하고 이벤트기획을 전략화 하여 관광이벤트기획의 필요를 주장하는 Getz의 연구를 바탕으로 한다.

이벤트기획의 선행연구를 바탕으로 기획의 개념, 기획요소 분석, 기획단계 분석 연구, 관광상품으로서 관광이벤트의 고찰 그리고 그동안 연구자의 관광 관련 이벤트의 경험을 종합하여 탐색적 수준에서의 관광이벤트 모델을 도출하여 제시한다.

관광이벤트의 특성에 대해 Mill & Morrison(1985)은 비관찰성, 무형의 높은 비중도, 유 · 무형의 복합성 등이 있으며, 이러한 관광이벤트의 특성들은 일반 관광상품의 무형재적 특성과 유사하다고 하였다. 그리고 Getz(1989)는 다른 관광자원과 구분되는 특성은 개방성, 주제성, 간헐성, 고정성, 비영구성 등이라고 하였다. 이와 같이 관광이벤트는 고정적이고 일반적인 관광자원과는 달리 특정시기 동안 특정주제로 이루어져 관광객들에게 관심과 흥미를 유발시킬 수 있는 차별적 특성을 지니고 있다(박우진, 2002).

관광객을 유치하고 이에 대응하여 서비스하는 전 과정인 관광이벤트의 구조체계는 3가지 측면에서 구분되며 체계적으로 연계성을 지니고 있다. 관광이벤트를 축으로 이벤트를 생산하는 조직자와 이벤트를 구매하는 관광객, 이벤트를 개최하는 주최 그리고 공간적인 지역사회로 구분된다. 관광이벤트 조직자는 생산측면에서 관광이벤트를 조정 · 운영 하는 역할을 수행하고 관광객은 관광이벤트 상품을 소비하는 측면으로서 관광이벤트 주최 측이 제공하는 각종 서비스와 다양한 편익을 제공 받음으로써 독특한 관광체험을 하게 된다(이정자, 1997).

이러한 관광이벤트의 특성을 고려하고 구체적이며 차별화된 기획모델이 필요시 되는 바 [그림 4-3]에서와 같이 7단계로 도출되었다.

그동안의 선행연구를 통한 관광이벤트의 개념, 관광상품 구성요소 및 이벤트기획의 요소에 대한 분석을 통해 관광이벤트 기획모델이 도출되었는데 목적설정, 환경분석, 시장조사, 목표설정, 기본계획수립, 실행계획수립, 실행으로 구성된다.

관광이벤트 기획은 제조업은 물론 일반적인 협의의 이벤트와도 그 기획과정이 다르게 나타나는데 먼저, 목적설정은 관광이벤트 기획의 전략적 수준에서 상위의 개념으로 이벤트의 분명한 목적과 이해가 우선이다. 관광이벤트 장르에서 어떤 종류이고 그 범위는 어디이며 기획자의 장·단기적인 능력 파악과 미래 개념의 인프라와 같은 장소에 대한 분석이 핵심사항이자 관광이벤트의 특성이 담긴 기획요소라 하겠다. 목적 설정의 중요성은 이벤트기획에서 다음 단계로 이어지는 토대의 역할을 하는 것으로 명확성, 간결성, 정확성이 요구된다.

환경 분석에 있어서는 일상적인 조사가 아닌 실제 내부역량의 종합적 분석과 이에 따른 환경과의 연계된 문제들을 도출하여 예측가능한 분석이 이루어져야 한다. 시장조사 단계에서는 목표설정에 직접적 영향을 줄 수 있는 시장세분화와 타깃화가 중요하고 목표설정에서는 관광이벤트의 종합적 목표와 항목별 목표설정을 통해 고객, 재무, 운영 등의 계획입안에 근간을 제공해야 한다.

기본계획수립은 조직위원회와 같은 상위개념의 조직명확화를 중심으로 이벤트의 고객, 시기, 주제, 프로그램 등 주요 기본적인 계획을 수립하는 과정이다.

실행계획수립은 관광이벤트의 실제 수행조직인 집행위원회로부터 교육, 인력, 관련기관 협조, 홍보, 재무, 시나리오 계획 등 세부적인 실행계획수립을 의미한다.

실행은 그야말로 관광이벤트의 실행으로 이벤트 연출팀의 사전 세팅, 디자인 작업, 동선체크, VIP 계획, 안전관리를 말하며 이벤트 PD를 통해 구현된다. 관광이벤트 행사와 평가, 피드백의 과정을 포함한다. 기획은 실행을 위해

1. 목적 설정

· 관광이벤트 실시의 목적 설정과 이해 도모(이벤트 종류와 범위)
· 주최(기획자)의 이벤트 능력 파악 (이벤트 장 / 단기성 전제)
· 이벤트 장소의 적합성 분석(인프라계획 포함)
· 리스크의 사전조사 및 손익분석

2. 환경분석

· 거시적, 미시적 외부 환경조사
· 주최자 내부자원 파악(내부역량의 종합적 분석)
· 이벤트관련 과제의 도출(연계문제점 예측)

3. 시장조사

· 목표시장 설정을 위한 시장세분화(Segmentation)
· 목표시장의 특성조사(Target profile)

4. 목표설정

· 관광이벤트 실시의 종합적 목표설정(항목별 목표설정의 기준)
· 참가고객 관련 목표설정
· 재무관련 및 운영관련 목표설정

5. 기본계획수립

· 주최(기획자)의 조직화 명료성(조직위원회)
· 참가고객 선정
· 이벤트시기, 기간, 준비기간의 구성 및 실시지역, 실시장소의 선정
· 이벤트 명칭과 주제의 선정 및 주요 프로그램 형식의 선정

6. 실행계획수립

· 준비조직 구성 및 운영조직 제안(실행 / 집행위원회)
· 조직의 교육관련, 인력운영 및 관련조직의 협조 계획(식음료 포함)
· 홍보 / 마케팅 계획 및 재무계획 수립
· 구체적 프로그램 구성(운영, 시나리오, Q-Sheet)

7. 실 행

· 행사장 디자인, 시스템 구성 및 동선체크(이벤트 연출팀)
· 출연, 참가자, 고객 영접 및 서비스 계획
· 비상 / 안전 계획
· 리허설, 이벤트 실행 및 평가 계획

[그림 4-3] 관광이벤트 기획모델

존재하는 것이고 그 기획은 피드백되어 더욱 좋은 관광이벤트로 고객에게 기억되어 만족을 가져오게 되는데, 관광이벤트 기획모델은 그 유용성에 기여하는 의미가 있다 하겠다.

호텔이벤트의 기획모델은 단일하게 구성하기에 어려움이 있다. 호텔이벤트의 종류가 다양하고 본서에서도 8가지로 유형화하여 설명하였다. 호텔에서 가장 기본적이면서 복잡한 과정을 가진 식음료이벤트 기획모델을 제4장에서 설명하였다. 제5장에서 설명한 관광이벤트 기획모델은 호텔이벤트를 기획하는데 커다란 시사점을 준다. 왜냐하면 호텔이벤트가 이제는 내부만이 아닌 외부와의 연계이벤트로 확대됨에 따라 환경분석과 시장조사가 선행되어야 하고 조직위원회와 같은 이벤트 추진조직이 탄탄하게 갖추어져야 한다. 관광이벤트의 기획 과정처럼 호텔이벤트도 거시적인 관점으로 조망되어야 하고 미시적으로는 더욱 세부적으로 호텔이벤트의 각 종류별 기획이 이루어져야 한다. 호텔기업의 내외부적으로 종합적이고 통일적인 이벤트기획이 바로 호텔이벤트 기획인 것이다.

F1 그랑프리대회

크루즈

뉴 양키 스E-디움

마카오 카지노

뚜르드프랑스 사이클대회

보스턴 마라톤대회

브라질 리우 카니발

영국 에든버러 프린지 페스티벌
(시작 거리행진)

스페인 토마토 축제

이탈리아 베니스 카니발

영국 노팅힐 카니발

뮤지컬 '오페라의 유령'

김제 지평선축제

남강유등축제

산청 지리산 한방약초축제

샤갈전

참고문헌

국내문헌

고승익 · 윤동구 · 정승훈 · 박은아(2000). 축제 방문동기 세분화에 따른 지각된 성과와 만족 분석. 관광학연구. 23(2), 246-266.

고호석(2001). 지역이벤트 관광객의 시장세분화와 선택속성에 관한 연구. 세종대학교 대학원 박사논문.

권정택(2000). 관광이벤트의 방문동기와 사후 이미지가 만족과 재방문 의도에 미치는 영향. 대구대학교 대학원 박사논문.

김동준(2000). 호텔 엔터테인먼트 연구. 관광정보연구. 6, 109-124.

______(2002). 호텔 유형의 고객만족에 따른 마케팅전략 연구. 국제관광무역연구(창간호).

______(2010). 호텔식음료이벤트 기획모델 연구. 이벤트컨벤션연구. 5(4).

______(2010). 마케팅전략을 위한 호텔이벤트 사례분석. 한국엔터테인먼트산업학회(춘계 정기학술대회논문집).

______(2010). 관광이벤트 기획모델 연구. 한국엔터테인먼트산업학회 논문지. 4(3).

______(2010). 관광이벤트론. 서울: 백산출판사.

김영석(2008). 이벤트기획요소 중요도 인식에 관한 연구. 이벤트컨벤션연구. 4(1), 65-83.

김성혁 · 고호석 · 김순하(2000). 지역축제 관광객의 시장세분화와 선택속성에 관한 실증적 연구. 관광학연구. 24(1), 259-280.

김재민 · 신현주(2003). 신호텔경영론. 서울: 대왕사.

김화경 · 송흥규(2007). 호텔이벤트기획. 서울: 대왕사.

문성종(2006). 지역축제 이벤트평가를 위한 축제속성과 우선순위 도출을 모형연구. 한양대학교 대학원 박사논문.

박소연(2003). 문화관광이벤트로서 지역축제 기획요인이 고객선택 행동에 미치는 영향. 세종대학교 대학원 박사논문.

박미정(2001). 지역축제 방문객의 동기와 만족도에 관한 연구. 관광레저연구. 13(1), 269-285.

박정선(1996). 이벤트론. 도서출판 컴퓨터.

서승진 · 윤은주(2002). 컨벤션산업론 : 그 학문적 접근과 실무이해. 영진닷컴.

서순복(2006). 지역문화 담당공무원의 축제기획역량 제고에 관한 서설적 연구. 한국거버넌스학회 학술대회 자료집. 17-36.

성 연(2005). 호텔 연회행사의 기획과 커뮤니케이션이 재방문 의도에 미치는 영향에 관한 연구. 부산대학교 대학원 박사논문.

손대현(1997). 강원도 지역특성을 살리는 문화예술 관광산업의 발전방안. 호텔관광경영연구. 12, 54.

송재일(2004). 이벤트 방문객의 지출결정모형과 시장세분화. 한양대학교 대학원 박사논문.

송춘홍(1991). 호텔의 효율적인 PR에 관한 연구. 경희대학교 대학원 석사논문.

신강현(2004). 호텔 판매촉진을 위한 이벤트개발 방안 : 서울지역 특1급 호텔을 중심으로. 관광경영학연구. 8(3), 157-181.

오정학 · 허상현 · 오휘영(2002). 이벤트 관광객의 만족요인 연구 : 경주 벚꽃마라톤축제를 사례로. 관광레저연구. 14(1), 203-216.

유용상(2001). 호텔산업의 수익성에 관한 연구. 인하대학교 대학원 박사논문.

이경모(1998). 이벤트여행 상품개발에 관한 연구. 경기대학교 대학원 박사논문.

______(2000). 이벤트학의 개념에 관한 연구. 관광경영학연구. 10, 133-156.

이기국(2008). 호텔이벤트 품질이 관계지향성에 미치는 영향 연구. 경기대학교 대학원 박사논문.

이미혜(2005). 전시이벤트 운영전략에 관한 연구. 문화관광연구. 4(14), 121-133.

이복희 · 임법종 · 윤병국(2002). 호텔이벤트의 마케팅 연구. 관광정보연구. 11, 1-25.

이상우(1995). 관광호텔의 EVENT 진흥방안에 관한 연구. 경기대학교 대학원 석사논문.

이윤주(2004). 관광호텔식음료이벤트 속성과 마케팅믹스가 고객만족에 미치는 영향. 동아대학교 대학원 석사논문.

이용근(2002). 문화관광축제 방문자의 만족에 관한 연구. 여행학연구. 16, 5-17.

이정실 · 양일용(2002). 지역축제 방문동기 세분화 및 만족의 차이 : 부산 국제아트페스티발 중심으로. 관광레저연구. 14(3), 143-156.

이준엽(2003). 지역이벤트 관광객의 추구편익에 따른 만족도에 관한 실증적 연구 : 제16회 이천도자기축제를 중심으로. 관광레저연구. 14(3), 193-212.

이충기 · 김동기(2001). 내 · 외국인 간 축제 참여동기분석 : 2000 경주세계문화엑스포를 중심으로. 관광연구. 16(1), 257-271.

이충기 · 이태희(2000). 경주세계문화엑스포에 대한 축제참가 동기분석. 관광학연구. 23(2), 84-98.

이정자(1997). 이벤트관광의 이해. 산업과 경제(강원대학교 산업경제연구소). 7(12).

전원배(2001). 호텔이벤트의 효율적인 운영과 매출증대 전략에 관한 연구. 사회과학연구. 9(1).

정강환(1995). 문화관광 활성화를 위한 이벤트관광 전략. KATA '95세미나 발표.

______(1999). 문화관광축제로의 이천도자기축제의 국내외 방문객시장 분석, 방문동기 및 축제평가에 관한 연구. 관광연구. 13, 57-73.

정민국 · 김지은 · 박지연(2005). 마케팅 키워드 : CRM 상품기획 7 tools 시스템으로 전략화 가속. Chief executive. 37, 30-31.

정용해(2006). 고객접점 서비스가 서비스 질, 고객만족, 충성도에 미치는 영향에 관한 연구 : 서울시내 특1급호텔식음료 영업장을 중심으로. 경희대학교 대학원 박사논문.

정병웅(2003). 지역축제 활성화 방안 : 온양문화제 참가자의 행동 분석을 중심으로. 호텔경영학연구. 12(1), 215-232.

조명환(1997). 자갈치축제 활성화 방안. 관광레저연구. 9(2), 152-167.

차동욱(2004). 지역축제 만족도에 의한 방문자의 재방문 및 구전홍보 결정요인에 관한 연구 : 전주국제영화제를 중심으로. 관광레저연구. 16(1), 55-69.

최광환(2001). 광고전략 모델을 활용한 이벤트전략 모델의 수립. 서강대학교 대학원 석사논문.

최승이 · 이미혜(1999). 관광상품론. 서울: 대왕사.

최태광 · 정승환 · 김미경(2002). 호텔마케팅실무. 서울: 백산출판사.

하인주(2004). 이벤트 스폰서십을 통한 체인 레스토랑의 브랜드 이미지 구축. 세종대학교 대학원 박사논문.

국외문헌

Allen, J., O'Toole, W., McDonnel I. & Harris, R.(2005). *Festival and Special Event Management*. John Wiley & Sons Australia, Ltd., Milton, 3.

Anwer, S. A. & Sohail, M. S.(2004). Festival tourism in the United Arab Emirates : First-time versus repeat visitor perceptions. *Journal of Vacation Marketing*, 10(2), 161-170.

Bagozzi, R. P.(1996). *Principles of Marketing Management*. Science Research Association Inc.

Bell, M. L.(1978). A Matrix Approach to the Classification of Marketing Goods and Services. *Marketing of Services*, 210.

Boyne, G.(2001). *Planning, performance and public service*. Public Administration, Blackwell Publishers Ltd., Malden, 79(1), 73-88.

Dewit, C. D.(1984). *Marketing for a Full House*. Ithaca, New York: Cornell University, 3.

Fallon, P. & Schofield, P.(2004). First-timer versus Repeat Visitor Satisfaction. *Tourism Analysis*, 8, 205-210.

Fenich, G.(2005). *Marketing, Expositives. Events and Conversions : an introduction to the industry*. Pearson Education Inc., Upper Saddle River.

Franz, A.(1991). *OECD Manual on Tourism Economic Accounts*. Paris: Organization for Economic Cooperation and Development.

Gee, C. Y.(1981). Resort development and management. *The Educational Institute*, 3.

Getz, D.(1997). *Event management & Event tourism*. New york: Cognizant Communication corporation.

Goldblatt, J. J.(1991). How to Market Tourism Attractions. *Festivals and Special Event*, 45.

Gunn, C. A. & Var, T.(2002). *Tourism Planning*. New york: Taylor & Francis Books, Inc., 4.

Howell, R. L.(1988). Small Town Tourism Management. *Recreation Travel & Tourism Institute*, 33.

Jefferson, A. & Lickoris, L.(1988). *Marketing Tourism*. Harlow: Longman.

Kemperman, A. D., Chang-Hyeon Joh, & Timmermans, H. J.(2003). Comparing first-time and repeat visitors activity patterns. *Tourism Analysis*, 8(2), 159-164.

Kotler, P., Bowen, J. & Makens, J.(2006). *Marketing for Hospitality and Tourism*. Pearson Education Inc., Upper Saddle River.

Kudla, R.(1976). *Elements of effective corporate planning*. Long Range Planning. Elsevier Ltd., 82-93.

Lattin, G. W.(1993). *The Lodging Food Serve Industry*(3rd ed), East Lansing: The E.I., 114.

Lewis, C. C. & Chamber, R. E.(1989). *Marketing Leadership in Hospitality*. NY: Van Nostrand Rein-hold.

Normann, R.(1985). *Service Management : Strategy and Leadership in Service Business*. New york: Wiley.

Medlik, S. & Middleton, V. T. C.(1973). Product Formulation in Tourism. *In Tourism and Marketing. AIEST*, 13.

Metelka, C. J.(1990). *The Dictionary of Hospitality : Travel and Tourism*(3rd ed), 63.

Mill, R. & Morrison, A.(1985). *The Tourism System*. Printice-Hall: Englewood Cliffs.

Pearce, D.(1989). *Tourist Development*. London: Longman Scientific and Technical.

Petrick, J. F.(2004). Are loyal visitors desired visitors?. *Tourism Management*, 25(4), 463-470.

Pisarski, A.(1991). *Scope of the Industry : Standard International Classification of Tourism Activities*. Madrid: World Tourism Organization.

Ronald, A. N.(1989). *Marketing in the Hospitality Industry*. Van Norstrand Rein-hold, 2, 147.

Scheuing, E. E.(1989). *New Product Management*. Merrill Publishing Co.

Schmader, S. W.(1990). *Special Events*. USA: Van Nostrand Rein-hold, 2.

Schreibe, A. L.(1994). *Lifestyle & Event Marketing*. USA: McGraw Hill.

Shostack, G. L.(1981). How to design A Service. *Marketing of Services*, 221-224.

Silvers, J. R.(1998). *Writing Effective Special Event Proposals*. New Mexico: Expo Events Inc.

Smith, S. L. J.(1994). The Tourism Product. *Annals of Tourism Research*, 21.

Terence, A. S.(1997). Advertising, Promotion and Supplemental Aspects of Integrated Marketing. *Marketing Communications*, 4.

Towers, T.(1997). *Marketing Hospitality*. John Wiley & Sone Inc.

Wall, G., Dddycha, D. & Hutchinson, J.(1985). Point Pattern Analyses of Accommodation in Toronto. *Annals of Tourism Research*, 12.

Zeithrnal V. A.(1973). Consumer Evaluation Process Differ Between Goods and Services. *Marketing of Services*.

찾아보기

저자약력

김동준

· 경원대학교 일반대학원 관광경영학과(문화예술) 박사
· 경희대학교 경영대학원 관광경영학과(호텔경영) 석사
· 인하대학교 경영학과 학사

산업체경력
· 워커힐호텔 무대감독 / 지배인
· (주)스메쉬 엔터테인먼트 대표이사
· 한국관광컨벤션연구원 대표
· 외교통상부 사단법인 한 · 러협회 사무국장

강의경력
· 세명대학교 관광경영학과 겸임교수
· 우송정보대학 웨딩이벤트학과 겸임교수
· 동덕여자대학교 대학원, 장안대학, 안산공과대학 출강

주요 연출경력
· 임희숙 40주년기념 디너쇼(2007, 센트럴시티)
· 아트패션쇼(2007, 하얏트호텔)
· 2006 FAOPS Convention(메리어트호텔)
· CHB 전국대회(2004, 올림픽체조경기장, 인원 9,000명)
· 워커힐호텔 극장식당 가야금홀 공연제작
한국민속쇼, 외국쇼
콘서트, 모델선발대회 등 다수 연출
· (주)파라다이스 워커힐카지노 제야의 밤 외국공연
· 해태제과 한마음대회(효창운동장)
· Pizza Hut Convention(힐튼호텔)
· City Bank 우수고객 초청 패션쇼(하얏트호텔)
· 한 · 불수교 120주년 색소폰 디너쇼(로얄호텔)
· 청호나이스 신제품발표회(신라호텔)
· The 2nd Symposium for CDMA Global Roaming(메리어트호텔)
· 일본 미키모토 컴퍼니 컨벤션 / 시상식(그랜드인터콘티넨탈호텔)
· 말레이시아 KLMF 컨벤션 / 디너공연(킴스관광호텔)
· 제1회 EBS 국제다큐멘터리 페스티벌(코엑스)

저자와의
합의하에
인지첩부
생략

호텔이벤트론

2010년 10월 30일 초판 1쇄 발행
2018년 8월 30일 초판 3쇄 발행

지은이 김동준
펴낸이 진욱상
펴낸곳 백산출판사
교 정 편집부
본문디자인 편집부
표지디자인 편집부

등 록 1974년 1월 9일 제406-1974-000001호
주 소 경기도 파주시 회동길 370(백산빌딩 3층)
전 화 02-914-1621(代)
팩 스 031-955-9911
이메일 edit@ibaeksan.kr
홈페이지 www.ibaeksan.kr

ISBN 978-89-6183-380-6 93980
값 15,000원